J. DEMOLON
Conseiller général du Nord

On vous demande à la Commandanture !

Heures vécues à la Mairie de Cambrai pendant l'occupation allemande (1914-1918)

LIBRAIRIE PLON

ON VOUS DEMANDE A LA COMMANDANTURE !

Ce volume a été déposé au ministère de l'Intérieur en 1922.

J. DEMOLON

CONSEILLER GÉNÉRAL DU NORD

ON VOUS DEMANDE A LA COMMANDANTURE !

HEURES VÉCUES A LA MAIRIE
DE CAMBRAI
PENDANT L'OCCUPATION ALLEMANDE
(1914-1918)

PARIS
LIBRAIRIE PLON
PLON-NOURRIT ET Cie, IMPRIMEURS-ÉDITEURS
8, RUE GARANCIÈRE - 6e

Aux chers miens avec lesquels j'ai vécu ces longues heures douloureuses.

Aux amis très fidèles qui ont connu les mêmes souffrances et les mêmes espoirs.

AVANT-PROPOS

Le 2 janvier 1915, après le veto prononcé par la Commandanture contre M. Ramette, premier adjoint au maire, je fus, en ma qualité de deuxième adjoint, délégué par le conseil municipal de Cambrai ponr représenter la ville auprès des autorités occupantes.

Que de fois, au cours des quatre années du martyre de la population, n'ai-je entendu cet appel : « On vous demande à la Commandanture ! » Combien furent le plus souvent douloureux, pour mes concitoyens, les ordres comminatoires qui sortirent de ces entretiens !

C'est leur récit que j'entreprends. Mais comme le détail risquerait de lasser l'intérêt, je m'en tiendrai aux évènements les plus saillants. Tout d'abord je m'excuse auprès du lecteur de la note forcément personnelle de cette rédaction, note que je ne saurais éliminer sans nuire à la véracité des faits.

Les difficultés de toute nature et de tous degrés ne pouvaient manquer d'être innombrables dans toutes les villes occupées : les souffrances, les privations et les contraintes étaient si grandes et si longues que la saine notion des circonstances pouvait faire parfois défaut parmi une population nerveuse, inquiète, angoissée. Mais je m'empresse de rendre un hommage sincère aux Cambrésiens en assurant qu'ils surent fermement tenir tête aux épreuves. Si quelques esprits plus faibles ou trop chagrins désespérèrent parfois ou demeurèrent par ailleurs mal renseignés sur les parcelles du pouvoir dont disposaient encore les autorités civiles, ils furent rares ; au surplus on avait tôt fait de les entreprendre et de les « retaper ».

*
* *

La tâche fut particulièrement dure pour celui qui avait le périlleux honneur de représenter une population sous le joug et de la défendre contre une tyrannie implacable. Heureusement, il était secondé par la collaboration toujours active et dévouée de ses collègues, soutenu également par les chaudes sympathies des personnes les plus estimables, comme par les affectueux encouragements d'amis très chers. Son cœur déborde encore aujourd'hui, pour ceux-là, d'une reconnaissance infinie.

En ces temps douloureux, l'âme de la patrie vivait ardente dans tous nos cœurs. Sans cesse, les tonnerres des fronts nous avertissaient que là-bas, derrière les horizons sanglants, les nôtres luttaient sans relâche, indomptés, indomptables. D'autre part, les nouvelles qui nous arrivaient au travers des lignes, nous disaient le grand espoir qui vivifiait l'âme de nos armées... et cela ranimait notre courage et nous dispensait largement la patience dans l'attente et les forces nécessaires pour le labeur quotidien.

C'est le souvenir de ces années sombres qui circule parmi ces lignes. Puissent-elles être accueillies avec intérêt par ceux qui les liront.

Décembre 1920.

ON VOUS DEMANDE A LA COMMANDANTURE

ILS ARRIVENT

26 août 1914.

Nous sommes mal renseignés.

Les communiqués officiels qui nous parviennent sont vieux de plusieurs jours et ne calment point nos angoisses.

Depuis le début de la guerre nous avons la certitude que les Allemands passeront par la Belgique, et nous nous attendons à voir passer l'armée française allant à leur rencontre.

Mais les unités mobilisées sont toutes parties vers l'Est, et aucun soldat ne reste chez nous; aussi nous sentons confusément que quelque chose de poignant se prépare.

On entend le canon dès le dimanche 23 août.

Pour calmer nos appréhensions, nous téléphonons à la préfecture; nous apprenons avec une émotion compréhensible que « nos affaires vont mal, très mal; nous sommes débordés à Charleroi, et nous devons nous attendre à de graves événements ».

*
* *

Un uhlan prisonnier est amené à Cambrai; il appartient à une patrouille avancée et a été arrêté près de notre frontière, donc l'ennemi approche...

Le lendemain, lundi, chassés comme par une rafale, arrivent 1 500 Belges, femmes, enfants, vieillards, qui nous narrent des choses horribles sur les Allemands. Ils ont fui devant eux, sans savoir où ils s'arrêteraient. On dirait des troupeaux de bêtes affolées; ils s'arrêtent, repartent, reviennent sur place, se séparent, se réunissent, longs à trouver une direction définitive. Et toujours, dans leurs groupes, cette clameur sinistre : « Les uhlans! les uhlans! » Ils croient les voir toujours derrière eux... Nous les hospitalisons, mais le lendemain la plupart d'entre eux repartent; seul, l'épuisement complet les arrêtera... où?

Le mardi 25 août, des soldats allemands sont signalés près de Cambrai; une partie de la population s'affole; on m'interroge. Je tâche moi aussi de rassurer, mais sans conviction. Un agent de police de bonne volonté demande à se rendre à bicyclette à quelques kilomètres de là pour s'assurer « qu'il n'y a rien de nouveau ». Il rentre une heure après, disant : « Je n'ai rien vu, rien entendu. »

Mais tout à coup une voiture conduite par de braves paysans entre dans la cour de la mairie; une femme tient par l'épaule, sur le banc de la voiture, un soldat allemand qu'elle a capturé elle-même, dit-elle, « derrière sa maison, dans son jardin ».

Alors nous ne doutons plus. Que faire?

Les soldats français du dépôt de Cambrai sont partis; je fais le tour des casernes vides. Les armes sont ramassées et cachées, et les portes fermées.

Bientôt la nuit approche. Je veux voir du haut du beffroi ce qui se passe au loin. Ma stupeur est grande d'apercevoir vers l'est, à la hauteur de Cambrai, les éclairs des canons et les flammes des incendies lointains. Le silence est profond. C'est que le vent est contraire. Mais il est certain que j'assiste à un duel d'artillerie.

A peine descendu, en proie à une vive émotion, ne sachant si mon geste sera bien pratique, mais voulant tout tenter, j'expédie, d'accord avec le receveur des postes, un télégramme au ministre de la Guerre : je demande un secours urgent pour sauver la ville.

Je suis atterré.

Nuit triste, pleine de sombres pensers.

Le lendemain matin, à la première heure, je me retrouve à la mairie. Je gravis de nouveau les marches du beffroi, entraînant le vieux général et son chef adjudant-major, chargés, disent-ils, de « défendre Cambrai » avec une formation territoriale. Nous constatons que le duel d'artillerie, toujours aussi soutenu, s'est sensiblement déplacé ; les Allemands ont progressé vers le sud, dépassant Cambrai. Mais, tout à coup, à quelques kilomètres vers le nord, face à la ville, d'autres tirs éclatent ; les pièces sont pointées vers des tranchées occupées par la masse sombre de soldats français. Chose étonnante : aucun bruit ne révèle encore l'existence d'une bataille si proche.

A peine sommes-nous descendus que paraît un soldat français escortant le premier prisonnier allemand fait au cours de la bataille. La foule se rue vers ce prisonnier; quelques gens veulent se jeter sur lui et l'écharper. Aidé par un collègue énergique, je me jette devant les plus violents; j'exhorte la foule au calme, je lui montre le danger de l'acte qu'elle pourrait commettre et les représailles qui ne manqueraient pas de fondre sur la population.

Un second prisonnier paraît presque aussitôt. Cette fois c'est un officier; il est blessé gravement par un coup de lance. Le sous-officier de dragons qui l'escorte, et nous le confie, me quitte en disant : « Monsieur, je crois bien faire en vous prévenant que 70 000 Allemands sont en ce moment aux portes de votre ville ! »

En effet, on entend maintenant les coups de fusil et le crachement des mitrailleuses. Un bataillon de braves territoriaux français essaie de retarder l'ennemi; tous se conduisent héroïquement. Ils se battent dans les rues sous le sifflement des balles ennemies.

Beaucoup tombent. Mais la lutte est inégale, les ennemis sont trop nombreux... Voici, hélas! le moment fatal de la terrible invasion! Il est une heure de l'après-midi; une compagnie allemande s'arrête sur la place au garde-à-vous, face à l'hôtel de ville.

Depuis le matin le conseil municipal est rassemblé; les autorités de la ville, mues par un sentiment louable de solidarité, l'entourent. Silences lugubres. Une immense douleur pèse sur les cœurs.

Voici une patrouille de uhlans qui traverse la place, puis voici des fantassins...

L'horrible défilé commence. Toutes les formations allemandes se succèdent avec régularité. C'est une mer de casques à pointe qui déferle.

Les officiers à cheval, recouverts d'une longue pèlerine blanchâtre à col rouge, coiffés du casque à pointe, sont particulièrement maudits...

La traversée de la place se fait au pas de parade, au chant de l'*Uber alles*. Beaucoup d'ordre, de discipline, de raideur; aucun soldat ne tourne la tête. Tous vont droit devant eux, à la vitesse maximum, *nach* **Paris**.

Voilà deux heures déjà que le défilé continue.

Nous sommes toujours à l'hôtel de ville dans l'attente angoissante.

Brusquement, un groupe d'officiers précédé de soldats, baïonnette au canon, contourne l'hôtel de ville et entre dans le couloir. Quelques secondes après, notre porte s'ouvre brutalement : deux soldats, baïonnette en avant, font une inspection rapide et pénètrent dans le cabinet du maire. Ils sont suivis par un grand colonel à la figure rouge, à l'expression bestiale, sanglé à craquer dans son uniforme, et par un groupe d'autres officiers.

Ce colonel, revolver au poing, crie : « Où est le maire?... » Les deux adjoints se lèvent et se désignent. Alors, le grand chef prend la parole : ce sont des ordres qu'il dicte, des menaces qu'il profère, des réquisitions exorbitantes qu'il nous impose; tout cela dit d'un ton colère, d'une voix rauque et méprisante. Il nous annonce notre « défaite », nous commande la soumission la plus absolue... et son revolver est toujours pointé vers nous.

Puis il donne l'ordre de le suivre.

Les deux adjoints, accompagnés des regards navrés et affectueux de leurs collègues et amis, sortent avec l'officier. Celui-ci les conduit sur la place, devant le défilé des troupes; et ils ont la douleur immense de voir cette succession sans fin de pièces de gros calibre toutes neuves qui vont vers les leurs, et qui immoleront tant de jeunes enfants de la patrie...

Un officier d'état-major succède au colonel; il ordonne de préparer les chambres d'hôtel et les repas nécessaires aux officiers qui passeront la nuit à Cambrai; soixante-dix chambres doivent être prêtes de suite, soixante-dix repas chauds servis immédiatement.

Le principal hôtel sur lequel les Allemands jettent leur dévolu est vide... plus de patron, plus d'employés. Et il faudrait tout organiser. Oh! quel soir! Quels tourments! Quel désir ardent de ne plus vivre!

Les officiers, ayant pillé le garde-manger et la cave de l'hôtel, se repaissent bruyamment; ils enfournent sans répit tout ce qu'ils ont trouvé.

L'Allemand nous dépasse grandement par la capacité de l'estomac. Sa goinfrerie, lorsqu'il est en compagnie, — dans les casinos par exemple, — n'a pas de nom. Il mange comme quatre Français et boit comme dix. Peu importe, au surplus, l'ordre des empiffrages successifs; solides et liquides alternent dans des combinaisons étranges. Il y aurait de quoi crever de plusieurs indigestions simultanées. Mais, non! l'officier boche reprend très souvent, dès qu'il se lève de table, sa distinction propre et sa souplesse à trois ressorts (pour les trois inclinaisons du salut).

* * *

Dans l'entre-bâillement des portes, des concitoyens qui osent à peine se montrer me font signe... on vient de leur parler des atrocités allemandes, des crimes commis en Belgique, ils craignent aussi pour leur vie, et ce n'est pas sans raison, car nous apprendrons que plusieurs habitants de notre ville ont été tués dans la journée pour des motifs inconnus. Il faut faire quelque chose, me dit-on, il le faut, dans l'intérêt général.

Je rentre alors dans l'hôtel où dînent les

cinquante galonnés, dont le général en chef qui tout à l'heure me donnait des ordres. Je lui fais demander une minute d'entretien.

Le général se lève :

— La population est calme, dis-je, et ne se livrera à aucun acte contre l'armée de passage si son chef peut me donner l'assurance que mes concitoyens ne seront ni molestés, ni brutalisés.

— Nous ne sommes pas des barbares, répond le général, ce sont vos gazettes qui le disent. Dites à vos gazettes de ne pas nous appeler ainsi.

— Cependant, nous avons entendu les plaintes d'habitants belges qui fuyaient devant vous, c'est pourquoi j'ai considéré comme un devoir de vous parler

— Nous sommes maintenant en France Vos populations n'ont rien à craindre si elles se soumettent à nos ordres...

Vers 11 heures du soir, après une journée si fertile en poignantes émotions, je voulus aller rassurer les miens dont je devinais l'inquiétude. Je ne pus parvenir jusqu'à eux. Les rues étaient encombrées de troupes. Les soldats au repos, pendant que d'autres défilaient sans arrêt devant eux, dormaient étendus sur la chaussée, sous la pluie fine; il eût fallu enjamber des bataillons entiers et risquer la brutalité de certaines sentinelles de mauvaise figure.

J'ai vu des soldats étendus rigides à terre, sanglés sur des planches, morts de fatigue ou des suites de leurs blessures, que leurs camarades emportaient avec eux, en avant, pour les faire assister, même morts, à « la marche triomphale »... jusqu'au retour de la Marne!...

UNE FUSÉE

Septembre 1914, 11 heures du soir.

De service ce jour-là à la mairie, je viens de rentrer chez moi.

Une voiture s'arrête à ma porte, quelqu'un descend et sonne.

J'ouvre la fenêtre et j'aperçois une voiture de maître; dans cette voiture deux soldats, casque à pointe, baïonnette au canon, attendent.

— Que me veut-on? Qu'y a-t-il?

— Je ne sais, répond le conducteur; on parle d'une fusée, et les soldats viennent vous chercher.

Quelques minutes après, avec mon escorte dont j'essaie vainement de tirer un renseignement, je me dirige vers la Commandanture.

Chemin faisant je m'inquiète de mon collègue M. Ramette que je crois déjà arrêté; le conducteur me dit :

— Le commandant sait que votre collègue est malade, et c'est vous qu'il cherche.

A la descente de voiture je suis reçu par le commandant Scheibe, « gouverneur » de Cambrai, à la tête de son état-major.

Les officiers, les soldats et le gouverneur lui-même sont équipés, casqués, prêts au combat.

— Des civils ont tiré tout à l'heure une fusée pour faire un signal aux soldats français, dit le gouverneur. Je vous ai fait arrêter et vous serez jugé.

Il n'ajoute pas : « et vous serez fusillé », mais le ton fait la chanson; on en sait quelque chose dans d'autres localités.

Je riposte qu'à ma connaissance aucun civil n'a de fusée à sa disposition; que tout ce qui est poudre et armes a été ramassé par ordre des autorités françaises, et que si une fusée a été tirée, sûrement ce ne peut être que par un soldat allemand.

Cette affirmation n'ébranle pas mon interlocuteur; il annonce gravement qu'en attendant d'être jugé, celui qui est responsable des civils est considéré comme prisonnier et va être gardé à vue par une sentinelle.

— Encore un mot, monsieur le commandant : puisque vous accusez la population civile, faites, je vous prie, une enquête.

— Je ferai l'enquête, dit M. Scheibe.

Le « responsable » est alors enfermé.

Au bout d'une heure, le commandant paraît. Toujours aussi impressionnant dans sa gravité, il dit :

— L'enquête commence.

— Bien, monsieur.

Deux heures du matin. La porte s'ouvre encore. M. Scheibe, toujours sanglé et casqué, appelle et annonce avec beaucoup de solennité :

— L'enquête continue.

Il est étrange, tout de même, ce ton qui veut pour le moins impressionner.

La porte se referme, et me voici de nouveau en proie à de sombres réflexions : que vont penser les miens de cette aventure? Quelle doit être leur inquiétude !...

Quatre heures du matin. Nouvelle visite; c'est la dernière. Le commandant salue militairement et déclare :

— L'enquête est terminée ; c'est un de nos soldats qui a tiré la fusée. Vous êtes libre, ajoute-t-il.

Petit incident, petite aventure, pour celui

qui en est l'objet. Il pouvait avoir de plus graves conséquences pour lui si le commandant, suivant l'exemple d'autres gouverneurs, s'était contenté, sans contrôle, du simple rapport de l'un de ses subordonnés.

Mais cet incident équivalait pour nous à un gros avertissement : les moindres faits et gestes de la population seraient exploités contre l'autorité municipale. Celle-ci devrait donc se tenir constamment aux aguets, avoir ses batteries prêtes et tous moyens de défense dans l'intérêt général de la ville qu'elle devait administrer pendant plus de quatre ans sous le contrôle terrible d'un adversaire impitoyable.

UN BILLET DE LOGEMENT

Octobre 1914, 7 h. et demie du matin.

J'achève ma toilette. Tout à coup un vacarme épouvantable se produit à la porte de la maison. Des jurons rauques, des cris, des coups de poing et des coups de botte violents contre la porte; les lucarnes vitrées se brisent...

Ma femme, occupée dans la salle à manger, se précipite pour ouvrir. Elle se trouve en face d'un grand diable d' « oberleutnant », à la face congestionnée et qui hurle des menaces. Il est accompagné de deux soldats, casques à pointe, baïonnette au canon.

— Où est votre mari? Il me le faut tout de suite, Ah! il va voir...! Ah! il se f... de moi!... Tout de suite, où est-il? Dépêchez-vous... Ah! il est en haut...

Et il s'élance dans l'escalier, suivi des deux reîtres.

Ma femme s'interpose; mais lui :

— Ah! il se f... de moi! Je viens le chercher... vous ne le verrez plus... donnez-lui de l'argent, je l'enverrai loin d'ici!...

Mais déjà je descendais l'escalier, allant au-devant de ce butor; et le tumulte de continuer :

— Ah! vous refusez de me donner un illet de logement!... Où est-il, mon billet? Où est-il? Ah! vous ne l'avez pas... en route!...

Je suis empoigné et entraîné dans la rue par les deux hommes qui m'encadrent, suivi talon contre talon par le bouillant lieutenant.

Et c'est une marche saccadée et rapide vers la place où siège la Commandanture, cependant que le malotru continue ses hurlements et ses imprécations.

De braves gens sortent de leurs maisons, atterrés et questionnant :

— Qu'a-t-il fait? Mais que va-t-il lui arriver? Pauvre M. D...!

Cependant j'essaie de parlementer avec l'officier et de l'apitoyer sur le sort de la ville :

— Vous devriez être moins exigeant; vous

avez demandé hier soir un billet de logement, mais pour ce matin seulement à 10 heures, et non pour 8 heures, dans une maison que vous avez spécifiée, au sujet de laquelle j'ai fait prendre des renseignements qui vont me parvenir maintenant...

— Je m'en f... Ah! vos habitants se f... de moi!... Avant la guerre je suis venu à Cambrai, et ce sont de sales gens qui ont voulu « m'embêter »; sales c... ils vont voir maintenant.

Nous arrivons Place-au-Bois.

— Mais, monsieur l'officier, la ville est déjà frappée lourdement; nous avons déjà plus de dix millions de frais de réquisitions.

— Dix millions! Qu'est-ce que ça?

Et dans un hurlement plus violent que les autres :

— C'est cent millions qu'il nous faut!

Il s'arrête, et menaçant du poing :

— Si je n'ai pas mon billet de logement tout de suite, vous voyez, tous les gens de cette place seront foutus dehors tout de suite... à l'instant même... vous entendez?...

Et il frappe le sol de sa botte.

J'arrive sous cette escorte à la mairie, suivi des regards anxieux de tous ceux qui ont entendu les vociférations de l'« oberleutnant. »

On pénètre dans le couloir de la mairie. Brusquement, je dis :

— Monsieur l'officier, je vais voir le gouverneur.

Et, laissant l'homme interdit, je gravis l'escalier qui conduit à la Commandanture. Il est trop tôt; le gouverneur n'est pas là, mais je n'en ai que faire.

J'ai voulu tenter une chance.

Deux minutes d'attente... puis je descends.

Plus d'officier, plus de soldats; ils se sont évanouis ou se sont sauvés...

Oh! la grande peur des chefs qui gueulent encore plus fort que leurs subalternes...

Je n'ai plus jamais entendu parler du soudard ni de son billet de logement.

UNE ESCADRILLE

23 septembre 1915, 9 heures du matin.

C'est un doux ronronnement de moteurs dans l'air tiède et limpide.

Nous allons au jardin.

Le ronronnement s'accentue fortement tout en restant léger; nous supposons vite que les avions ne sont pas allemands.

L'escadrille apparaît; elle vole assez bas.

Les Allemands ne tirent pas; ils ont sans doute été surpris par cette visite.

Nous comptons : huit..., dix..., quinze...; quinze avions alliés... ils sont maintenant au-dessus de la ville.

Notre cœur bat à rompre. C'est la première fois depuis l'invasion que nous assistons à un spectacle aussi impressionnant, aussi émouvant.

Une escadrille!... une véritable escadrille!... et ce sont les nôtres! C'est eux que nous attendions depuis si longtemps! Enfin les voilà! Ils passent au-dessus de nous. Nous ne tenons pas en place, nous sortons nos mouchoirs, et comme des fous, nous saluons nos amis, nous leur envoyons des baisers et nos yeux se mouillent.

Brusquement l'escadrille vire à gauche et se dirige vers la gare de Cambrai-Annexe.

Je soupçonne aussitôt son dessein...

Depuis plusieurs mois notre quartier loge deux régiments prussiens, le 24e et le 64e régiments brandebourgeois qui se rendent odieux par leurs méfaits. Ils pillent, ils expulsent de braves gens de chez eux sans nécessité, ils accaparent le maigre ravitaillement de la population, etc.

Or, aujourd'hui. ces gredins s'embarquent pour partir vers l'Est. Ils devront plus tard, ont dit les communiqués allemands, intervenir dans l'attaque de Verdun, et on les lancera les premiers à l'assaut du fort de Douaumont...

Bref, ils s'embarquent aujourd'hui, ils ont fait leurs adieux dans le quartier. Bon voyage, messieurs, et faites-vous casser la ..... le sifflet.

Donc l'escadrille a viré.

Une vague inquiétude tempère aussitôt ma joie. Je me dis : « Gare à nous. »

Presque aussitôt, les bombes éclatent sur la gare de Cambrai-Annexe. Véritable arrosage... explosions violentes et répétées.

Puis, ayant terminé leur besogne, les avions disparaissent vers l'ouest; le silence se fait.

C'est l'heure, maintenant, d'aller prendre mon service à la mairie et de me diriger vers la Commandanture. J'y vais un peu soucieux me répétant machinalement : « Gare au grain. »

En effet, à peine suis-je arrivé qu'un planton me prévient : le gouverneur me demande immédiatement.

Je monte au bureau du « guénéral », de celui qui déjà m'a fait passer de mauvais quarts d'heure.

Le colloque s'engage aussitôt :

Le général, congestionné, debout, secoué par une violente colère, me crie :

— Vous avez téléphoné !...

— Moi? à qui? je n'ai pas de téléphone.

— Si, vous avez téléphoné !!

— Mais, monsieur le général, je ne comprends pas; pourquoi cette question?

— Oui, vous avez téléphoné... à votre

état-major. Vous saviez qu'un embarquement avait lieu, *et vous l'avez dit de l'autre côté*...

— Ah! par exemple, elle est forte, celle-là. Vous m'accusez de téléphoner, moi, moi, alors que vous savez bien qu'il ne nous reste aucun téléphone. Vous avez fait couper tous les fils, tous les câbles, enlever tous les appareils ; il n'est pas possible de téléphoner.

— Si! si! affirme-t-il; si ce n'est pas vous, c'est un de vos habitants; *j'en ai la preuve*, vous avez téléphoné.

Je deviens rouge, moi aussi, et me contiens difficilement. Le général se moque de moi, c'est sûr; je le lui dis :

— Vous voulez rire, monsieur le général, vous savez bien que ce n'est pas possible. Au surplus, les habitants souffrent de la guerre, mais ils ne font pas la guerre. Ils sont tranquilles et... confiants, cela leur suffit pour l'instant.

— Si! si! *j'ai la preuve*, et pour vous punir, je vais envoyer des otages à la gare. Entendez-vous?...

— Oh! alors, puisque c'est ainsi, je proteste de toute mon énergie; vous ne pouvez pas faire cela, c'est contraire aux lois de la guerre.

Mais il me fait signe de sortir. Je sors en répétant de plus en plus haut :

— Oui, je proteste de toute mes forces ; il vous est défendu de faire cela.

— Si! si! je le ferai...

Et il me montre à nouveau la porte.

Mais il me rappelle et dit en ricanant :

— Maintenant, allez téléphoner ; dites-leur qu'il y a des otages à la gare et qu'ils n'envoient plus d'avions.

— Eh bien! oui, je vais téléphoner, j'en ai gros sur le cœur, à dire... A qui faut-il que je m'adresse ?

Mais déjà je suis dehors, la porte du général se fermant brutalement contre moi, et je n'ai plus que la ressource d'aller conter la chose navrante à mes collègues.

Quelques instants s'écoulent, et l'ordre suivant nous parvient :

N° 21192 Cambrai, le 23 septembre 1915.

ETAPPEN-KOMMANDANTUR 2/IB

Concernant : *Espionnage.*

A la ville de Cambrai.

URGENT

Il résulte d'indices certains qu'il existe une communication entre la ville de Cambrai et la

France non occupée et que des embarquements de troupes sont annoncés de Cambrai à l'autre côté.

C'est pourquoi je décrète qu'à l'avenir, lors d'embarquements de troupes, quinze otages de la ville soient conduits de la ville à la gare.

Les otages seront avertis dans chaque cas à quelle heure ils devront se tenir prêts.

Signé : SCHÖTTL,
General-major.

Le conseil municipal, réuni d'urgence, décide aussitôt l'envoi de la lettre suivante :

Cambrai, le 24 septembre 1915.

MONSIEUR LE GÉNÉRAL GOUVERNEUR,

En réponse à votre note du 23 septembre 1915, n° 21192, le conseil municipal proteste de toutes ses forces contre la mesure prise à l'égard de la ville de Combrai quant aux quinze otages qui devront être conduits à la gare lors des embarquements de troupes.

Il est possible que ces jours derniers, des reconnaissances d'aéroplanes français aient constaté et signalé que des embarquements de troupes étaient effectués dans les gares de Cambrai.

Mais nous sommes absolument certains qu'il n'y a et qu'il ne saurait y avoir aucune communication entre la ville de Cambrai et l'autre côté du front.

Les membres du conseil municipal réclament unanimement pour eux seuls le privilège d'être envoyés à la gare comme otages lors des embarquements de troupes allemandes.

Recevez, monsieur le général, nos salutations distinguées.

[Suivent les signatures des deux adjoints au maire et de tous les membres présents du conseil municipal.]

Nous apprîmes que les dégâts allemands avaient été considérables. Mais il fut impossible d'obtenir le chiffre exact des pertes, les tués ayant été placés sur wagons et dirigés vers Valenciennes. Des habitants du quartier de la gare de Cambrai-Annexe entendirent des conversations allemandes parlant de trois cents victimes, tués et blessés.

La fureur du général s'expliquait!...

A la suite de cette affaire, et à plusieurs reprises, des notables de la ville et plusieurs conseillers municipaux, par groupes de douze furent conduits dans les gares au moment des embarquements et exposés aux dangers d'attaques par avions.

Nos interventions se répétèrent auprès du

vieux sbire, qui se fâchait chaque fois de mes questions.

Un jour cependant, il fut possible d'agir d'une façon toute différente et plus efficace :

L'un de nos sympathiques concitoyens, M. M..., me fit connaître que les officiers du front arrivant au repos à Cambrai ne trouvaient pas de leur goût les restrictions imposées par la Commandanture locale; ils considéraient cette dernière en ennemie et lui reprochaient aussi son excessive rigueur vis-à-vis de la population, notamment dans l'affaire des otages envoyés dans les gares.

Je glissai un mot de ce précieux renseignement, que je fis mien, à deux sous-officiers de la Commandanture dont je commençais à connaître les accointances avec le gouverneur, en ajoutant de façon dégagée et innocente que si le général continuait à se montrer aussi exigeant il finirait bien par se faire personnellement du tort auprès de ses chefs..., liberté grande et risquée, mais je me disais : « Qui ne tente rien n'a rien. » Je comptais aussi un peu sur la crédulité allemande.

L'insinuation fit-elle son chemin? Une chose est certaine : les embarquements de troupes continuèrent, mais il n'y eut plus d'otages civils dans les gares de Cambrai.

ON VOUS DEMANDE D'URGENCE

Novembre 1915.

En gravissant l'escalier qui conduit aux salons du premier étage où s'est installée la Commandanture, je me demande : « Qu'y-a-t-il encore de cassé pour qu'on me demande d'urgence, toute affaire cessante? »

On ne me fait d'ailleurs pas attendre longtemps pour me renseigner :

Le gouverneur Schöttl, debout au milieu de la pièce, ayant à ses côtés un interprète officiel de la Commandanture et le juge de guerre Baldauf, m'apostrophe en m'accusant d'avoir voulu faire sauter la Commandanture au moyen d'une caisse de dynamite qui pèse cent kilogrammes... On vient de découvrir cette caisse à l'instant même au rez-de-chaussée, dans la salle des Mariages située juste au-dessous des bureaux du général. Celui-ci est visiblement ému; il me menace, ainsi que la ville, des pires châtiments et d'une amende de guerre formidable pour ce crime commis contre l'armée allemande.

L'interprète prend à son tour la parole; il explique que la caisse contient des cartouches de dynamite en grand nombre, *de marque française*, et ces engins sont suffisants, ajoute-t-il, pour pulvériser tout l'hôtel de ville.

— Circonstance aggravante, cette caisse est là depuis des mois. On ne s'était pas rendu compte de ce qu'elle était, et les soldats allemands cantonnés dans la salle des Mariages l'avaient recouverte d'un matelas sur lequel ils dormaient. Le moindre choc pouvait produire la catastrophe.

— La salle des Mariages, répliquai-je aussitôt, est occupée exclusivement par vos troupes depuis le premier jour de l'invasion. Aucun civil n'a pu y pénétrer. Cette caisse a donc été sûrement apportée sur ordre des occupants et par eux. Vous accusez la ville, monsieur le général, de vouloir faire sauter la Commandanture; ne pensez-vous pas que nous pourrions, de notre côté, accuser la troupe d'avoir voulu faire sauter l'hôtel de ville et les autorités civiles qui s'y trouvent?

Ce moyen de défense n'est pas du goût du général; il s'emporte et vocifère en allemand des choses que je ne comprends pas, ce qui m'aide sans doute à rester indifférent sous l'avalanche d'injures probables.

On me congédie enfin en m'avisant que des perquisitions vont avoir lieu dans toutes les pièces de l'hôtel de ville, et... gare si l'on trouve quelque chose!

Je descends perplexe et en proie à une inquiétude compréhensible devant une accusation de cette importance pouvant avoir les conséquences les plus fâcheuses pour la ville.

Il m'est impossible de prévenir le personnel de la mairie : les perquisitions annoncées sont commencées derrière moi.

Les gendarmes trouvent quelques cartouches de carabine à moineaux abandonnées dans un tiroir, de vieux fusils hors d'usage et des bicyclettes.

Connaissant la mentalité de nos ennemis, nous attendons anxieux la suite de cette affaire.

Un mois se passe.

J'éprouve enfin le soulagement de voir

que peut-être mon attitude impassible et l'accusation que j'ai portée ont impressionné le général et le juge de guerre, car la condamnation est moins terrible que ce que nous avions pu craindre.

En voici le texte :

LE COMMANDANT DU TERRITOIRE D'ÉTAPE DE CAMBRAI
J. N° 286 3/1

Cambrai, le 25 décembre 1915.

NOTIFICATION DE JUGEMENT.

Je punis Demolon J. Cambrai avec une amende de 500 (cinq cents) marks, soit 625 francs, ou de quarante-deux jours de détention en cas de non-recouvrement, attendu qu'il a omis de remettre à la Commandanture les vélos, armes et munitions que l'on y a trouvés le 29 novembre 1915, ce dont il n'aurait pu ignorer la présence en prenant les précautions nécessaires.

Délit contre les différents ordres publiés et réglant la remise des armes.

Le commandant d'étape,

Signé : SCHÖTTL,
général-major.

Dans la suite, les trouvailles qui furent faites dans l'hôtel de ville, sans être aussi impr ssionnantes, nous valurent quelques amendes bien servies !

En voici une :

NOTIFICATION DE JUGEMENT.

Je punis M. Demolon, maire de Cambrai, avec une amende de 1 000 marks, soit 1 250 francs ou de quarante-deux jours de détention en cas de non-recouvrement, attendu qu'il a omis de déclarer le vin appartenant à la ville et emmagasiné dans une cave de l'hôtel de ville.

Délit contre l'ordre de la Commandanture du 25 septembre 1915.

Le commandant de l'étape...
Signé : Schöttl,
général-major.

Ce vin appartenait bien à la ville. Il servait aux réceptions d'avant-guerre, aux vins d'honneur offerts aux sociétés, etc.

Remarquons en passant que la découverte de vin caché constituait à leurs yeux un délit au moins aussi grave que celui relatif aux armes et munitions puisque l'amende en cette occurrence s'est trouvée plus forte.

LEUR VICTOIRE DE BUCHAREST

7 décembre 1916.

Ce fut un jour bien triste pour nous que celui où nous apprîmes la défaite, sous Bucharest, de nos valeureux alliés roumains, suivie de la prise de leur capitale par l'ennemi.

Cette nouvelle fut affichée en grands caractères à la porte de la Commandanture, et les « casinos » d'officiers retentirent bientôt du vacarme des grosses beuveries par lesquelles ils fêtaient ce fait d'armes.

Le *rittmeister*, comte de Walwitz, embusqué de longue date au bureau du logement de la Commandanture, que nous considérions un peu comme le Don Quichotte de celle-ci, traversa les salons et bureaux de l'hôtel de ville au pas de l'oie, en s'écriant en français, afin que nul n'en ignore : « L'univers est à nous ! »

J'avais passé la nuit obsédé de tristes pensers, assombris encore par les cris des soudards vociférant en français dans les rues, pour impressionner la population : « Bucharest est tombée, Bucharest est tombée. »

Ces mots nous martelaient le cœur comme leur pas lourd martelait le pavé.

Vers les 7 heures du matin, la bonne fait irruption dans ma chambre et s'écrie :

— Levez-vous vite, monsieur, un officier très méchant est en bas ; il veut vous voir immédiatement ; il fait beaucoup de bruit. Je vous en prie, venez de suite.

Mme D..., déjà prête, descendait aussitôt et se trouvait en effet en face d'un officier qui l'invectivait parce que c'était elle, et non pas moi, qui se présentait.

— Je suis pressé, hurla-t-il, je monte dans sa chambre.

— Je vous en prie, monsieur, mon mari descend à l'instant même ; respectez au moins sa chambre.

Elle eut bien de la peine à le contenir quelques instants. Je descendis en effet et je reconnus l'oberleutnant Ibach, le tout puissant « adjutant » du gouverneur, l'homme hypocrite le plus dangereux que nous ayons vu passer dans notre hôtel de ville pendant toute la durée de la guerre.

Il dit, d'un ton péremptoire et sans reprendre haleine :

— Je suis envoyé auprès de vous en mission par Sa Majesté le kronprinz de Bavière, pour vous annoncer notre grande victoire. La forteresse de Bucharest est prise par nos troupes. Pour célébrer cette victoire, Sa Majesté ordonne de faire sonner toutes les cloches se trouvant dans l'étendue de son commandement. Il vous ordonne donc de faire sonner les cloches de la ville de 9 heures et demie à 10 heures. Vous êtes responsable de l'exécution de cet ordre que vous allez recevoir par écrit. Le vicaire général de l'archevêché a reçu le même ordre pour ce qui concerne les cloches de la cathédrale et des églises.

— Permettez, dis-je.

— Je ne permets rien, répond-il avec arrogance et d'un ton qui n'admettait aucune réplique. Sa Majesté m'a donné un ordre que je vous transmets, je n'ai aucune explication à recevoir et n'en veux recevoir aucune, vous n'avez qu'à vous soumettre et à exécuter...

— Mais, monsieur, nous n'avons jamais

fait cela. Quand vous aviez précédemment d'autres victoires, c'était vos soldats qui sonnaient.

— Cela ne me regarde pas; je n'admets aucune discussion avec vous. Je dois partir tout de suite porter le même ordre à d'autres maires. Vous devez faire sonner les cloches de 9 heures et demie à 10 heures; ce commandement est formel et sans appel. Je vous somme de l'exécuter, et encore une fois, je n'ai pas à discuter avec vous.

— Je vais réunir mon conseil municipal...

— C'est inutile; votre conseil municipal n'a rien à voir là dedans; nous vous rendrons seul responsable.

Il se dispose à partir, mais devant la gravité de la situation et attendant qu'il soit calmé pour lui signifier mon refus, je ne le lâche pas :

— Encore un mot, monsieur l'officier, un seul, c'est le dernier : supposez que, nous Français, soyons victorieux en Allemagne et que nous vous donnions l'ordre de sonner vos cloches pour célébrer nos victoires à nous, vous ne l'exécuteriez pas...

L'oberleutnant Ibach, l'insolent balafré, se

redressa d'un coup, de toute sa stature, joignit brutalement les talons, me regarda en face, et s'écria :

— Si, monsieur, nous sonnerions, car nous respectons *toujours* l'autorité !

Et il disparut brusquement, me laissant interdit autant par cette réponse imprévue que par l'ordre qu'il m'avait donné.

Je serrai nerveusement les poings espérant bien qu'un jour viendrait où nous les ferions sonner pour nous, les cloches, nous les opprimés, les vaincus du jour, mais à n'en pas douter les vainqueurs de demain.

L'ordre écrit, qui me parvint presque aussitôt par un planton allemand, était ainsi conçu :

COMMANDANTURE 2/IB 6 dez 1916.

MONSIEUR LE MAIRE,

Cambrai.

La forteresse de Bucharest a été prise par les troupes allemandes. Vous recevez l'ordre de faire sonner les cloches de la ville demain de 9 heures et demie à 10 heures (heure allemande). Vous êtes responsable pour l'exécution de cet ordre.

Signé : GLOSS,
colonel et commandant.

Je me dirigeai en hâte vers la mairie et donnai aux agents de service les instructions nécessaires pour aller immédiatement au domicile de mes collègues du Conseil municipal et les convoquer à une réunion qui se tiendrait à 8 heures.

Il avait en effet été convenu que dans toutes circonstances graves le conseil municipal serait réuni d'urgence pour appuyer le cas échéant l'action de son représentant auprès des autorités occupantes.

A 8 heures du matin, tous les conseillers sont présents.

A mes collègues anxieux de savoir pourquoi ils sont convoqués à une heure aussi matinale, je raconte la visite que je viens de recevoir et donne lecture de l'ordre reçu.

La discussion n'est pas longue : nous ne pouvons et ne voulons pas sonner.

Un de nos collègues nous confirme que Mgr l'archevêque a répondu de son côté négativement à la Commandanture et qu'il a présenté une requête écrite au prince de Bavière.

Nous décidons de notre côté de faire remettre au gouverneur la lettre suivante :

MONSIEUR LE GOUVERNEUR,

Nous recevons votre lettre nous donnant l'ordre de faire sonner les cloches aujourd'hui de 9 heures et demie à 10 heures du matin.

Chaque fois que précédemment semblable cas s'était présenté, la Commandanture se chargeait elle-même de faire sonner les cloches par les soldats allemands.

Nous osons espérer qu'en votre qualité d'officier qui connaît les devoirs de l'honneur, vous comprendrez les raisons qui dictent notre abstention dans l'exécution de cet ordre.

Veuillez agréer...

Signé : Le maire,
J. DEMOLON, adjoint.

A la question : qui portera la lettre? je réponds que mon devoir me fait une obligation de la porter.

Je me dirige donc vers le bureau du gouverneur; celui-ci est absent, et c'est le même Ibach de tout à l'heure qui me reçoit. Après avoir lu la lettre :

— Prenez garde, vous savez que le gouverneur n'est pas patient; cédez tout de suite ou bien il y aura danger pour vous.

— Tant pis, je ne puis consentir à cela, ni

mon conseil municipal non plus; celui-ci a approuvé à l'unanimité ma manière de voir.

— Amenez-moi une délégation de votre conseil municipal.

Je vais chercher quelques collègues qui, très volontiers, consentent à m'accompagner.

Les mêmes discours leur sont tenus :

— Le gouverneur n'est pas patient, faites attention, etc.

— Eh bien! portez-lui notre réponse.

L'oberleutnant sort.

Un long moment se passe. Le gouverneur paraît à cheval sur la place; il s'arrête et s'entretient avec Ibach qui lui a déjà téléphoné. Nous nous demandons si notre liberté est l'enjeu de cette discussion qui se prolonge...

Enfin l'officier revient et nous dit le plus tranquillement du monde :

— Vous allez avoir satisfaction, ainsi que l'archevêque qui a présenté une requête à Sa Majesté le prince de Bavière. Nous avons décidé que les cloches seraient sonnées par des prisonniers anglais.

Et il nous congédie en souriant, de ce sourire diabolique qui convenait à sa tête de Méphisto.

Les cloches ont sonné : l'équipe des sonneurs comprenait quelques soldats anglais et russes et deux noirs français.

Mais les cloches n'ont plus sonné depuis.

Les Allemands sentaient que, même après la première attaque de Verdun, la prise passagère du fort de Douaumont et la prise de la « forteresse » de Bucharest, l'univers n'était pas encore à eux, et que décidément ils devaient avoir plus de réserve dans la proclamation de leurs victoires.

LES COFFRES DE LA BANQUE S...

6 avril 1917.

Mme F..., qui habite seule la banque, me prévient que les Allemands lui ont à diverses reprises demandé les clefs des coffres particuliers se trouvant dans la cave *ad hoc* de l'immeuble.

— Les clefs ne sont pas en ma possession, a-t-elle répondu, et lors même que je les aurais, je ne me croirais pas le droit de les donner.

Mais aujourd'hui, ajoute-t-elle, ils viennent avec des appareils, des chalumeaux, des marteaux pour découper les portes et les fracasser. Je vous en prie, faites quelque chose, car beaucoup de nos clients ont leur fortune dans ces coffres.

Après m'être assuré le concours du fidèle et dévoué interprète de la mairie, M. G..., nous partons chez le major de place, Keller, en ce temps-là vieux cerbère, éternel mécontent, propre à toutes les besognes.

Je le prie de me dire si la chose est exacte, si cette ouverture forcée va se faire, et dans ce cas pourquoi il la fera.

Le ton monte tout de suite...

— Je le fais parce que je le fais, et c'est moi seul que ça regarde.

— Je n'en doute pas, mais cependant vous n'avez pas le droit de faire cela; vous n'avez pas le droit de toucher à la fortune privée des gens; si vous agissez comme vous le dites, je protesterai de toute mon énergie.

Le major s'emporte; il assène un violent coup de poing sur la table et s'écrie :

— C'est la guerre! c'est la guerre! je le ferai!

— Une pareille prétention n'est pas permise, ripostai-je, je proteste, et cela ne se fera pas.

Mon interlocuteur se fâche pour tout de bon :

— C'est mon droit... et puis, je vais vous conduire chez le gouverneur; il vous donnera de ses nouvelles.

— Gare... dit le bienveillant M. G..., je crains qu'il ne vous faille apprêter votre valise!...

Le major entre chez le colonel Gloss. Leur entrevue se prolonge. Mon intervention les gêne-t-elle? Que va-t-il arriver?

Enfin on me fait entrer, et le colonel prenant la parole :

— Pourquoi réclamez-vous? l'opération que nous voulons faire ne vous regarde pas; c'est nous qui la faisons; c'est un ordre de guerre; vos concitoyens ne peuvent donc rien vous reprocher.

— Si fait, dis-je; je suis ici l'avocat de mes concitoyens; je défends leurs intérêts, et je vous prie de ne pas m'obliger à protester encore un fois.

— Mais, répond-il, après un moment de réflexion, et un peu gêné, nous ne voulons pas cambrioler les coffres; nous voulons seulement les détruire. Envoyez donc une commission dont vous ferez partie; on ouvrira les portes devant elle et vous constaterez que nous ne volerons pas les titres.

— Il y a des valeurs dans ces coffres; je ne sais où je pourrai les mettre en sécurité. Il est donc préférable de les laisser là où elles sont.

— Tans pis, dit le colonel, nous les ouvrirons; nommez votre commission, et allez-vous-en.

Je m'en vais à regret.

J'ai cependant l'impression d'avoir touché juste et je pense :

« Est-il possible que ces gens-là ouvrent des coffres devant une commission qui dressera un procès-verbal officiel de cambriolage? »

L'heure fixée pour l'ouverture arrive.

La commission est à la porte de la banque, devant les chalumeaux prêts à fonctionner. Je m'apprête à intervenir encore une fois.

Peine perdue, heureusement...

Le gouverneur et le major ont sans doute réfléchi pendant leur déjeuner. Après un court instant d'attente, le major paraît : sa face brutale de tout à l'heure est illuminée par un sourire :

— On n'ouvrira pas les coffres, dit-il ; vous pouvez vous en aller tranquilles...

Ma joie est d'autant plus vive que tout à l'heure j'ai essuyé encore une autre discussion très... animée, cette fois avec un concitoyen.

Après ma dispute avec le major de place, j'avais rencontré une notabilité du haut commerce de Cambrai. Celle-ci n'approuvait pas mon intervention, désireuse qu'elle était d'attendre le moment de l'ouverture des coffres pour intervenir elle-même par la lecture d'une protestation écrite.

Je regrettai de n'être point d'accord sur ce point avec mon honorable contradicteur.

Contrairement à l'adage connu, « les paroles s'envolent et les écrits restent », quand il s'agit des Allemands, les écrits sont détruits ou sont considérés comme « des chiffons de papier ».

J'estimais, contre l'opinion de mon contradicteur, que chaque fois que l'occasion le permettait, il ne fallait pas hésiter à prendre le taureau par les cornes et à le secouer aussi rudement qu'il nous secouait parfois.

L'attitude est peut-être dangereuse pour celui qui se trouve obligé de pratiquer ce genre de sport, mais lorsqu'on a le périlleux honneur de défendre une population contre des voleurs, parfois des bandits, il est quelquefois de bonne tactique de crier fort. J'avoue en avoir usé quand cela me paraissait nécessaire.

Au surplus, une autre démonstration de la supériorité de cette méthode a été faite.

Le gouverneur disait un jour, en parlant d'une protestation qu'on venait de lui remettre :

— Si M. N... a du temps à perdre pour faire cette lettre, je n'en ai pas à perdre pour la lire.

Et il la jeta au panier.

Il n'y a rien de tel que de secouer le taureau.

LES CONTRIBUTIONS DE GUERRE

Les contributions de guerre et la levée des colonnes ouvrières civiles obligées de travailler pour l'ennemi ont été, de toutes les tyrannies ennemies, celles qui ont paru le plus odieuses aux habitants des pays envahis.

Par une action incessante et variée, il fallait obtenir des adoucissements, des dérogations et des suppressions quand cela était possible, ou encore, protester chaque fois que l'occasion permettait de le faire utilement.

C'est dans ces circonstances que le rôle d'un conseil municipal ou d'un maire actif était d'une très grande utilité.

La première contribution de guerre en argent fut imposée à la ville de Cambrai en septembre 1914, lors de la découverte, chez l'un de nos concitoyens absent de la ville, d'un exemplaire du *Testament de Guillaume*. C'est une infirmière allemande qui fit la trouvaille et l'apporta à la Commandanture; cela nous valut une amende de 30 000 francs.

Moins heureuse que la nôtre, une ville voisine, où les Allemands trouvèrent un paquet de ces « testaments » fut condamnée à verser deux millions dans un délai de quarante-huit heures sous menace de voir le maire fusillé et la ville incendiée.

Ces « testaments de Guillaume », rédigés en termes injurieux pour le kaiser, avaient été vendus au public, par des camelots, avant l'invasion. Les villes n'avaient donc aucune responsabilité dans ces écrits. Ils causèrent néanmoins des tourments, parfois même des angoisses à certains maires.

Quelques jours après, une nouvelle contribution de guerre de 100 000 francs fut encore imposée, cette fois sans motif.

L'argent se faisait rare, nous réclamâmes auprès de la Commandanture, mais sans aucun succès; nous essayâmes de protester, ce fut encore vainement; il fut alors convenu que les notables de la ville donneraient leur avis sur cette affaire. Mais en attendant, et d'accord avec mon collègue de la municipalité, je pressentis le major Scheibe sur la possibilité, assez aléatoire du reste, d'échapper à cette contrainte.

Le commandant se rendit bien compte de nos difficultés; il comprit ou feignit de comprendre, dans une certaine mesure, nos protestations et nos réserves.

Il me fit appeler. Il refusa, « par ordre supérieur », de nous tenir quittes du paiement de la somme réclamée, mais me déclara avoir trouvé le moyen de nous faciliter ce paiement :

— Si vous avez un dépôt d'argent dans une banque ayant une succursale en pays neutre (Suisse ou Hollande, par exemple), vous n'avez qu'à me remettre un chèque de cent mille francs payable au siège de cette succursale. L'autorité allemande sera avisée immédiatement du paiement. Mais je dois vous prévenir, ajouta-t-il gravement, que si le chèque n'est pas payé, vous serez fusillé !... Au surplus, il vous est loisible de demander à l'un de vos amis de vous rendre ce service !

Vraiment, nos ennemis savaient trouver une « solution appropriée » à chacune des rigueurs qui pleuvaient sur les malheureux envahis...

Nous ne pouvions que rejeter de semblables combinaisons et les notables furent d'avis d'adopter une autre solution qui mettrait la ville à l'abri momentané des rigueurs teutonnes.

Plus tard, les « Notes » augmentèrent dans des proportions véritablement impressionnantes. Ce furent d'abord celles relatives au paiement des vivres consommés par les troupes séjournant momentanément en ville. A la suite de maintes réclamations, on accepta de nous limiter, pendant un certain temps, au seul paiement des vivres nécessaires aux deux bataillons de « Landsturm » occupant la ville de façon permanente : le bataillon d'Augsbourg et celui de Munich. Mais cela représentait déjà des centaines de mille francs par mois.

Puis, de véritables impositions nouvelles, « par application de la Convention de La Haye », disaient leurs affiches, nous frappèrent plus durement encore; cette fois, il s'agissait de millions dont le paiement était réparti sur plusieurs mois. Ces sommes devaient être payées, « partie en bons communaux, partie en bon argent ». Il fallut faire entendre de nombreuses protestations et subir des discussions violentes et interminables avec la Commandanture pour lui *démontrer que le bon argent n'existait plus*.

Voici, à titre d'exemple, l'une des affiches allemandes concernant le paiement de contributions de guerre :

AVIS

Par *décision du grand quartier général allemand* et conformément à l'article 49 de la Convention de La Haye concernant la guerre sur terre, il sera imposé à la population du territoire de la *II*e armée une contribution représentant une part des frais occasionnés par les besoins de l'armée allemande et de l'administration du territoire occupé.

L'inspection d'étape 2 est chargée de répartir la contribution entre les communes, de fixer les délais et conditions de paiement, ainsi que de tous les détails de la perception.

A. H. Qu. 2, le 4 avril 1917.

Le Général commandant en chef,

Signé : Von der Marwitz,

General der Kavallerie,
und Generaladjutant S. M. des Kaisers.

Comme je viens de le dire, la municipalité et son conseil municipal résistèrent aux prétentions allemandes. Mais l'ennemi ouvrit les portes de ses prisons et y fit entrer à plusieurs reprises des notables et des conseillers municipaux, parce que les paiements étaient refusés ou différés. En outre, les menaces devinrent plus fortes et plus précises.

C'est ainsi que la ville fut menacée, un jour, d'être administrée par un maire allemand ! Alors se posa la question angoissante de nos œuvres populaires : fourneaux économiques, ravitaillement, commissions de secours, que le conseil municipal avait, dans sa sollicitude, développées très largement.

C'est ainsi encore qu'à l'occasion d'un nouveau refus, la Commandanture me parla de l'éventualité qu'elle envisageait, du pillage par la troupe d'un quartier de la ville ; et ceci à titre de premier exemple !

On devine l'énergie de notre protestation! Mais on peut aussi deviner l'angoisse si souvent renouvelée de celui qui recevait de semblables communications et qui avait à les transmettre à ses collègues !

Journées terribles que celles où il fallait agiter d'aussi graves problèmes et se défendre pied à pied contre une autorité arbitraire, exigeante, insolente, sans merci! Quels tourments du patriotisme et du cœur et quelle tension suraiguë de l'esprit dans la recherche de la meilleure attitude à prendre!

On peut penser que les débats incessants au sein du conseil municipal se ressentaient de cette fièvre. Au début les avis étaient partagés : quelques collègues se prononçaient pour le refus net des paiements, sauf à en envisager les conséquences dans une étude ultérieure; d'autres estimaient que la Convention de La Haye était formelle et mettait la ville dans l'obligation de payer; d'autres enfin suggéraient de résister aux paiements jusqu'à la limite de rupture et de ne céder qu'au moment où la violence apparaîtrait. Pour comble de difficultés, je recevais chez moi des visites de concitoyens à bout de résistance, torturés déjà par la charge écrasante de cantonnements excessifs des troupes ennemies, condamnés à l'amende et à la prison pour des futilités, n'en pouvant plus, et se lamentant : « Je ne puis plus souffrir davantage!... »

Pour beaucoup d'autres raisons, le maire

devenait le confident et comme le directeur de conscience de quelques-uns de ses administrés; parfois il recevait aussi d'eux des renseignements sur les ravages produits par de trop grandes souffrances.

Heures douloureuses ! en vérité, que celles-là, et qu'il fallut vivre... Comment? je me le demande encore.

La commission dite des notables, composée des personnalités les plus éminentes de la ville, véritable petit Sénat consultatif se prononçant en toute impartialité, rendit les plus signalés services à l'administration municipale en lui donnant des conseils éclairés, chaque fois que celle-ci les sollicitait.

Ces conseils ramenaient une quasi tranquillité dans les esprits et aidaient à franchir bien des caps douloureux. Profonde est la gratitude acquise aux concitoyens qui avaient accepté cette noble mission.

Le 6 juillet 1915, je reçus l'ordre de me rendre à Lille pour y discuter les modalités de paiement d'une contribution de guerre exceptionnelle revêtant cette fois le caractère d'une imposition d'ordre général. Cette discussion avait lieu entre les maires des villes importantes du Nord en présence des délégués militaires allemands.

Après avoir renseigné mes collègues du conseil municipal et sollicité leur avis, je pris le train, en compagnie d'un sous-officier allemand qui avait la mission, très gênante pour moi, de me surveiller constamment et de ne pas me lâcher d'un pas; car, paraît-il (c'est lui qui me renseigna), même à Lille, ville occupée, je pouvais faire de l'espionnage. (Il ne se trompait pas complètement.)

Les maires de Valenciennes et de Douai voyagèrent, eux, sans escorte; quant à moi, je fus suivi par mon gardien jusque dans la salle de réunion et obligé, à mon grand ennui, de partager mes repas avec lui.

A la préfecture, lieu de réunion imposé par les Allemands, je rencontrai les maires ou représentants des villes de Lille, Roubaix, Tourcoing, Douai et Valenciennes.

Je ne dirai qu'un mot de ces séances; elles furent assez nombreuses et se prolongèrent jusqu'en septembre. Le 6 juillet, nous avions l'ordre de payer en « bon argent » la somme de 31 millions, au plus tard le 14 juillet : le conseiller d'Empire Schmitd, qui avait tenu à présider la première réunion des maires, avait choisi intentionnellement la date du 14 juillet; nous ne pûmes nous empêcher de le remarquer; et voici qui montrera bien à quel homme nous avions affaire : à M. le maire de Lille, avec lequel il s'entretenait un jour, Schmitd avoua que son impression (nous n'étions qu'en 1915) était déjà défavorable à l'Allemagne quant à l'issue de la guerre; mais, d'un ton cynique, il ajouta que, si les troupes allemandes étaient obligées de se retirer, elles n'opéreraient cette retraite que « le plus tard possible et après avoir fait le plus de mal possible ».

Pour payer une contribution, même de guerre, il faut de l'argent. Or les délégués des banques, obligés d'assister à nos réunions, nous disaient, et avec quelle joie nous acceptions cette affirmation, que les espèces étaient introuvables.

Malheureusement, l'ennemi sut un jour, jour maudit, qu'on pouvait emprunter des millions à une grande société financière de Belgique. Les précisions données et les injonctions prodiguées aux maires des villes nous firent alors changer de tactique, et nos efforts opiniâtres ne tendirent plus qu'à obtenir une diminution sensible du chiffre imposé. Après trois mois de discussions et de tergiversations, la somme de 16 millions fut par nos ennemis déclarée finalement irréductible.

Nous avions gagné du temps, dans l'espoir enraciné au cœur, qu'un événement heureux nous libérerait de cette odieuse contrainte, et par ailleurs nous étions parvenus, au prix de quels efforts! à diminuer de moitié les prétentions de l'ennemi.

C'était autant qu'il n'avait pas.

Je ne manquai pas, au cours de mes voyages à Lille, de questionner mes collègues des autres villes au sujet du grave problème du paiement des contributions de guerre.

Ils furent unanimes à déplorer amèrement les rigueurs ennemies, mais les avis qu'ils avaient sollicités eux-mêmes ne leur laissaient aucun doute :

— J'ai consulté mon barreau, me dit l'un; il m'a montré la Convention de La Haye et les droits qu'elle confère à l'ennemi. Je ne puis donc faire autrement que de payer.

— Je ne veux pas exposer une population à des représailles, me dit un second.

Un troisième, du même avis, me rapporta certains incidents d'importance minime exploités par les Commandantures pour faire souffrir davantage les populations. Un seul exemple : un gamin tire la langue au passage d'un train de troupes; immédiatement les autorités civiles du lieu sont avisées que ce crime affreux sera expié par la ville, et que l'administration municipale sera contrainte d'acquitter une amende de 150 000 francs; « à défaut de paiement, des otages nombreux seront expédiés (le confort des wagons à bestiaux autorise cette expression!) outre-Rhin, à moins que ce ne soit plus loin, en Pologne ravagée, par exemple. »

On le voit, la méthode des Allemands pour assurer l'exécution de leurs ordres est simple : Si tu ne paies pas, ce sera la prison, le bagne, et... la faim pour tes concitoyens...

Celui qui était à la tête d'une ville, avec la responsabilité de vies humaines, avait le cœur poignardé par cette menace constante. Pris ainsi entre deux devoirs : l'amour sacré de la patrie et la protection de la vie de ses concitoyens, que de larmes cachées n'a-t-il pas versées!

LE PAIEMENT D'UN ACOMPTE

Décembre 1915.

Ce jour-là, il faut payer un acompte de 100 000 francs, dont « le quart en bon argent et les trois quarts en bons communaux », spécifie l'ordre adressé à la ville.

Les espèces ne circulent plus, et elles ont raison de ne plus circuler; les cachettes sont nombreuses, elles ont raison d'être nombreuses. Mais je n'ai pas tort de dire qu'il n'y a plus d'espèces et de maintenir cette affirmation.

Je sais qu'un incident va se produire et une âpre discussion éclater : le trésorier prussien, à moins qu'il ne soit bavarois (si c'est le premier, c'est un butor; si c'est le second, c'est un fourbe), acceptera l'acompte en entier en bons communaux, ou il ne l'acceptera pas; « c'est tout comme », et je le lui dirai, car « j'en ai plus qu'assez de ce métier ».

Accompagné du receveur municipal qui porte les liasses et de mon fidèle interprète et ami, M. G..., aussi empressé à rendre service qu'il est désintéressé dans l'accomplissement de ses nombreuses missions, je me présente au « Rittmeister Ladinburg », trésorier de la Commandanture, nouvellement arrivé chez nous!

Les bons communaux sont déposés et comptés.

— Où est le bon argent? dit le capitaine.

— Je n'en ai plus.

— Comment! Vous n'en avez plus; il nous en faut, je vous l'ordonne, allez le chercher.

— Non, c'est inutile, il n'y en a plus.

Le capitaine se fâche; ses balafres nombreuses ont un aspect sinistre :

— Ah! vous n'en avez pas! Eh bien! on vous le prendra!

Je me fâche aussi et je riposte :

— Ah! par exemple! Eh bien! prenez-moi avec, j'en ai assez!

Mes deux amis me font signe d'être prudent; mais il est déjà trop tard, car le Teuton me crie :

— Je vous défends de parler ainsi à un officier allemand; je vais vous coller 10 000 marks d'amende; et, puis, ajoute-t-il, emporté par une violente colère qui fait tourner son teint au cramoisi, je vais consulter le gouverneur sur votre cas.

Il part en coup de vent, en claquant la porte; et l'on entend le bruit précipité de ses bottes dans l'escalier.

Longue attente. Mes amis sont inquiets pour moi.

Là-bas, le gouverneur, le Rittmeister et le juge de guerre délibèrent sur « mon cas ». Je me répète que c'est bien fait pour moi... mais qu'après tout je ne serai pas plus malheureux ailleurs.

Après vingt minutes d'attente, Ladinburg revient. Son teint n'est plus cramoisi; que dis-je? En face de sous-officiers plus ou moins goguenards, Ladinburg sourit et me dit presque aimablement :

— J'accepte vos bons communaux.

Je n'ai qu'un regret, c'est que toutes nos disputes ne se soient pas terminées de cette façon.

ESPIONNAGE.

UNE CONSULTATION MÉDICALE

La première fois que j'allai à Lille pour prendre part, avec les maires des villes du Nord, aux discussions relatives au paiement d'une contribution extraordinaire de guerre, je fus placé, comme je l'ai dit, sous la garde d'un sous-officier qui ne devait pas me quitter.

Mais, aux voyages suivants, je parvins à me libérer de cette tutelle vraiment trop gênante.

Lorsque le train me déposait à Lille, je m'empressais de m'acquitter de certaines missions et commissions dont mes concitoyens m'avaient chargé.

J'étais, par exemple, facteur des postes. Les précieuses lettres que l'on me confiait se logeaient prudemment dans les doublures de mes vêtements, à moins qu'elles ne se réfugiassent dans... mes souliers.

On peut en rire aujourd'hui; mais on n'en riait pas en ce temps-là, car on savait ce qu'il en coûtait à celui qui était pris en faute : quelques semaines de prison, au pain et à l'eau, la fréquentation assidue de bestioles épuisantes, et parfois une promiscuité révoltante voulue de l'ennemi. Ceux qui avaient goûté une fois du régime préféraient ne pas encourir de nouvelles punitions.

Que d'heureux j'ai faits à l'occasion de ces voyages! J'ai accompli les missions les plus diverses, les plus dangereuses parfois... J'ai rapporté aussi des lettres venant de France par la Hollande et la Belgique avec aboutissement à Roubaix où il fallait aller les chercher.

Un jour de l'été 1915, j'emportai de Cambrai un plan très réduit qui me fut donné par un ami d'un village voisin, avec l'indication d'un important dépôt allemand de munitions. J'en fis un bon emploi : deux jours après, l'organisation à laquelle je m'adressai à Lille me fit savoir que ce plan était arrivé à destination par pigeon voyageur. La haute moralité de mes intermédiaires ne me permet pas de douter de la valeur de leur organisation ni de leur affirmation. Mais je souffris beaucoup des suites de cette affaire que je révèle aujourd'hui, car les concitoyens qui m'avaient confié le plan aux utiles indications furent emprisonnés et condamnés à une longue et dure déportation parce que leur plan avait été découpé dans une carte d'état-major qu'ils ne purent compléter. L'autorité allemande, à la suite de perquisitions faites, s'aperçut ainsi de l'espionnage fait à son préjudice. Mes amis avaient eu l'imprudence de ne pas détruire la carte après le découpage.

Il m'était interdit d'intervenir, puisque c'était faire avouer par mes compatriotes le crime dont on les accusait, et c'était jouer avec leur tête.

J'ai souffert de leur souffrance. Cette dernière aura sans doute été utile à la patrie. Je sais, en effet, que les reconnaissances et les attaques aériennes se succédèrent autour du dépôt de munitions signalé.

M. Herbin, de Neuville-Saint-Remy, M. Lambert et M. Pénable ont souffert en Allemagne d'une longue et dure détention à la suite du procès résultant de cette affaire. M. Herbin m'autorise à citer leurs trois noms.

J'avais une autre préoccupation en me rendant à Lille. Vers cette époque, les séances de l'assemblée communale de Cambrai étaient assez agitées. Cela se conçoit, les notes allemandes adressées à la ville étaient devenues particulièrement nombreuses et douloureuses.

Je sentais à ce sujet que les conseils d'un homme sage et impartial seraient bien précieux et de nature à apaiser mes soucis.

En arrivant à Lille, j'allai trouver le savant docteur C..., directeur d'un Institut célèbre, que je connaissais bien, avec lequel je m'étais déjà trouvé en rapports amicaux avant la guerre, et je me disposai à lui exposer mes préoccupations.

Il me reçut fort aimablement, et, les civilités échangées, me demanda brusquement si j'avais des nouvelles de France. Sur ma réponse négative, il m'entraîna aussitôt vers un cabinet écarté dont il ouvrit la porte. Quelle ne fut pas ma stupéfaction et ma joie de voir sur une table *le Temps*, *le Matin*, et d'autres journaux français de date toute récente! Je n'en pouvais croire mes yeux. Je me gardai de demander par quelle voie ces journaux étaient arrivés à

Lille; ces choses-là ne se demandaient pas...

Je passai une heure agréable à reprendre un contact bienfaisant avec notre littérature française et à lire des nouvelles, certes plus réconfortantes que celles que nous démêlions à grand'peine dans les journaux allemands.

Dès que je fus ravitaillé en bonnes nouvelles, la conversation s'engagea :

— J'ai un souci, dis-je. J'ai le privilège de présider une assemblée communale comme il s'en trouve peu : elle est exclusivement composée de personnalités ayant des compétences variées, choisies dans les classes élevées de la population, animées du dévouement le plus absolu et du patriotisme le plus ardent, documentées sur de nombreuses questions, et qui s'acquittent de leurs fonctions municipales avec le zèle le plus louable.

Mais... les discussions au conseil municipal sont vives; le diapason monte souvent à un ton inconnu des assemblées d'avant-guerre. On se parle parfois... à grands cris, et les esprits sont surexcités...

Que faut-il faire? Vous qui êtes un grand savant, vous avez sûrement un remède à cela. Donnez-le-moi.

Mon interlocuteur me regarda en souriant :

— Je vois ce que c'est, me dit-il, et malicieusement :

— Votre cas n'est pas nouveau. Vous faites, j'en suis certain, vos réunions l'après-midi ?

— C'est exact, toutes nos réunions se tiennent dans l'après-midi.

— C'est un tort. J'ai observé que pendant cette période de guerre et de souffrances les esprits sont plus inquiets au cours de l'après-midi que dans la matinée. On est vite fatigué et énervé. Faites donc vos réunions le matin, toujours le matin, le plus tôt possible, ou le plus près possible du repas de midi. C'est plus qu'un conseil que je vous donne, c'est un ordre, ajouta-t-il amicalement. Dans d'autres villes les réunions se font le matin, et l'on s'en trouve très bien ; j'ai d'ailleurs déjà donné à d'autres des conseils semblables.

Je remerciai le savant et le quittai emportant son réconfort.

Or, le soir même, j'eus le plaisir d'être accompagné dans mon trajet de retour par mon brave collègue et ami le docteur T..., maire d'une ville voisine.

— Vos séances sont-elles calmes, chez vous ? lui demandai-je.

— Très, me répondit-il en riant; et après une minute de réflexion :

— Il n'en peut d'ailleurs être autrement; je réunis, en effet, mes collègues le matin à 8 heures, jamais l'après-midi...

Mes anciens collègues souriront en apprenant ce détail; ils ne m'en voudront pas, rétrospectivement, en apprenant la diplomatie que j'ai dû employer pour obtenir d'eux que les séances du conseil municipal n'aient plus lieu dans l'après-midi et soient ramenées à 11 heures du matin.

Ils en ont bénéficié les premiers... puisque nos discussions ont été plus calmes qu'auparavant.

NOS CLOCHES

Lorsqu'il fut avéré en Allemagne que la guerre se prolongerait et que les besoins de cuivre pour la fabrication d'engins de guerre ne ferait qu'augmenter, le haut commandement allemand prescrivit et organisa dans les pays occupés la réquisition méthodique et méticuleuse de ce métal vraiment précieux.

Alors de nombreux ordres de confiscation et de réquisition furent affichés, et, sans plus attendre, les opérations commencèrent : toutes nos ménagères ont gardé le souvenir odieux des visites répétées d'équipes de soldats fouillant les maisons de la cave au grenier, et auscultant les murs pour y découvrir quelque cachette. Elles se rappellent ces individus souvent dépenaillés qui fourraient leurs sales pattes dans les meubles et tiroirs, qui retournaient les matelas ou ce qui servait alors de matelas, qui regardaient sous les lits, inspectaient le dessus des armoires, et finissaient par rassembler en un tas toutes sortes d'objets hétéroclites : anneaux en cuivre pour rideaux, tringles, vieux becs de lampes, chandeliers, vieux robinets, bibelots, etc., sans compter les ustensiles de ménage, les lustres, les sujets de pendules, les objets d'art, que sais-je encore, que ces voleurs emportaient, insensibles à toutes protestations.

Je reçus, pour ma part, de nombreuses visites de ce genre chez moi; cela devenait exaspérant. Nous cachions tout ce que nous pouvions. Mais alors! gare au juge de guerre si nous nous faisions prendre en faute, ou si par malheur nous nous laissions aller à faire entendre une réflexion un peu vive.

Un jour, un chef d'équipe eut la fantaisie de faire casser une cheminée de marbre, afin de pouvoir arracher tout simplement un ornement en cuivre doré pesant à peine 300 grammes!!! La personne chez laquelle cet incident se produisit apostropha le soldat :

— Pour en arriver là, il faut que votre Allemagne soit déjà « capout » !

Elle faillit être emmenée en prison et avoir tous les désagréments possibles. Il me fallut intervenir en hâte afin de lui éviter de graves ennuis.

Les chefs d'équipe et les soldats se souciaient peu de l'utilité ou de la valeur artistique ou autre de ce qu'ils enlevaient : ils prenaient ce qu'ils voulaient sans aucune espèce de préavis ; le mal était fait avant qu'il fût possible de l'éviter.

Des soldats apercevant le buste en bronze de Godeliez-Bolvin, bienfaiteur de la ville, dans la cour de la Fondation qui porte son nom, le culbutent, le chargent sur une voiture et disparaissent. J'apprends le vol presque aussitôt ; je fais démarches sur démarches auprès de la Commandanture et du bureau de réquisition : on s'étonne, « on va voir », me dit-on ; on ajoute même que ma réclamation est fondée...

Mais, quelques heures après de soi-disant recherches, la Commandanture se déclare « vraiment navrée » de n'avoir pu retrouver « les voleurs ».

Et c'est ainsi pour tout. Oui, ils ont été voleurs et sans conscience pour tout. A un ami, auquel on enlève un magnifique lustre en bronze, on donne un bout de papier sur lequel on lit : « Bon pour un lot de métal. »

Tu te débrouilleras avec cela plus tard, mon pauvre ami, quand la guerre sera finie, comme se débrouilleront les milliers et les milliers de malheureux envahis se trouvant dans ton cas.

Ce fut un jour le tour de nos chères cloches que nous espérions sonner frénétiquement quand viendrait l'heure de la victoire !...

Hélas! elles devaient, elles aussi, disparaître ou partir en exil.

Je les défendis avec toute l'énergie et la chaleur d'un concitoyen s'attachant désespérément aux vieux souvenirs d'une cité qu'il aime.

L'archevêque de Cambrai se chargea de la défense des cloches des églises. Je m'appliquai de mon côté au sauvetage de celles du beffroi et de l'hôtel de ville, dont la valeur historique était considérable.

Or, le carillon fut enlevé sournoisement un jour; le malheur était déjà irréparable quand nous nous en aperçûmes. Mais, pour les autres cloches, il fallait faire des échafaudages, hisser dans les clochers des appareils spéciaux, effectuer le découpage au chalumeau; tout cela nécessitait une préparation assez longue qui ne nous échappait pas et qui nous donnait du temps.

Il est à noter que l'ennemi avait eu la prétention de faire exécuter par nous-mêmes ces opérations de démontage ou de découpage des cloches; nous dûmes protester et subir d'ennuyeuses et interminables palabres pour lui faire comprendre que tel n'était pas notre rôle.

Quand le danger était pressant, nous allions trouver le colonel Gloss, gouverneur de la ville, qui avait un jour prétendu « prendre en main » les intérêts artistiques et historiques de notre cité. Je ne manquais pas de lui rappeler cette promesse, et j'obtenais, après bien des discussions et des résistances, un répit ou une levée de condamnation pour nos objets précieux.

Un jour, où ce danger était plus pressant encore, j'écrivis la lettre suivante et, par ailleurs, multipliai les démarches qui aboutirent enfin à la conservation des cloches historiques du beffroi et de l'hôtel de ville :

Cambrai, le 25 mai 1917.

MONSIEUR LE GOUVERNEUR,

Ce n'est pas sans une vive émotion que nous recevons l'avis du démontage des cloches de la ville.

Outre leur valeur artistique incontestable, ces cloches sont pour la plupart très anciennes et ont pour notre cité une valeur historique considérable; celles du beffroi et celles du carillon de l'hôtel de ville comptent, en effet, plusieurs siècles d'existence. Ce sont des souvenirs précieux qu'il nous est extrêmement douloureux de voir disparaître.

Aussi ne serez-vous pas surpris, monsieur le Gouverneur, de notre protestation contre ces démontages et enlèvements que rien ne justifie, et nous osons espérer que vous donnerez des ordres pour la conservation de ces objets qui représentent à nos yeux l'âme de la cité.

Veuillez agréer, etc.

Le Maire,

Signé : J. DEMOLON,

adjoint.

Nous fûmes tranquilles sur le sort de nos deux grosses cloches jusque vers la fin de l'occupation. Mais à cette époque le danger réapparut, et cette fois il fallut discuter avec le major de place, le capitaine Pohl, qui était avant guerre homme d'affaires et avocat à Berlin.

Il me fit appeler, et, me montrant un magnifique catalogue richement illustré de « cloches en fonte de fer pour églises, beffrois, etc. », me dit :

— Ces cloches sont plus artistiques que les vôtres; elles sont mieux suspendues; vous économiserez de la main-d'œuvre pour les faire sonner; leur son est agréable. Comme nous allons démonter les vôtres et que vous ne pouvez vous en passer pour l'avenir, achetez-nous celles-ci.

Comme je me montrais surpris d'une pareille proposition, qui heurtait mes sentiments de Français, il s'écria :

— Vous ne voulez donc pas faire d'affaires avec nous?... Alors, c'est un parti pris!

Mon Dieu! oui, c'était un parti pris, mais avec leur mentalité de mercantis, ces gens-là ne pouvaient comprendre la nôtre, faite de patriotisme le plus ardent.

Je lisais nettement sur le visage du major de place cette impression : « Comme ils sont bizarres, ces Français; quelles mauvaises têtes ils font!

Cette attitude du représentant de la ville concourut pour une large part à la conservation des deux grosses cloches, jusqu'au jour où le dernier habitant fut évacué de Cambrai.

Ce jour-là elles furent précipitées du haut de leur demeure séculaire; l'une se brisa et fut perdue irrémédiablement; l'autre, tombée de 50 mètres de haut, rebondit sur le pavé malgré ses 5 600 kilos, et, comme par miracle, n'eut pas une fêlure. Sa qualité, on le voit, ne le cédait en rien à celles des cloches teutonnes.

« Joyeuse » fut traînée à la remorque d'une auto-camion pendant trois kilomètres; elle sonnait sur le pavé le glas funèbre précurseur de la défaite allemande; elle fut ensuite chargée sur un autre camion avec « Martin » et « Martine », autres héros légendaires de notre ville et partit pour l'exil; mais l'armistice, arrivé trop tôt pour les voleurs, nous fit retrouver ces chers objets avant leur entrée en Allemagne.

Je me réjouis de penser que, par des soins continus et vigilants, ce pur joyau de la cité qu'est notre belle cloche « Joyeuse » a été conservé intact.

Nous aimions nos cloches. Depuis si longtemps elles avaient sonné fidèlement, à degrés divers, les étapes de notre existence! Tintant gaiement pour les joyeux événements, plombant leurs glas dans les jours de deuil, donnant toute leur volée pour les grands anniversaires nationaux, leurs sonores accents s'épandaient largement sur la ville et, plus loin, sur les plaines, jusqu'à l'horizon.

Par elles, nos âmes communiaient, et communiaient dans la grande âme de la cité.

Aussi, et bien que dans les années terribles le champ de notre sensibilité se fût rétréci, lorsque l'ennemi les prostitua à ses triomphes passagers, leurs coups martelaient nos cœurs et il nous semblait entendre les gémissements des autrefois perdus.

Elles sont parties emportant un peu de nous-mêmes.

Mais il nous reste « Joyeuse ». Choyons-la beaucoup puisqu'elle est la seule qui puisse, par ses chants, évoquer le passé pour le relier au présent, et pour nous dire que l'avenir ne doit rien oublier.

L'INSCRIPTION DES HOMMES

LES BATAILLONS DE TRAVAILLEURS (COLONNES OUVRIÈRES)

Travailler contre la France! Être contraint à des travaux de défense contre sa propre patrie par la volonté d'un ennemi ignorant la pitié et jouissant même de la détresse et du désespoir qu'il sème autour de lui!... voilà bien la souffrance la plus atroce pour un cœur de Français; voilà bien aussi la plus torturante difficulté pour nous, maire et conseillers municipaux qui avions à lutter contre les instructions iniques des Allemands.

La Convention de La Haye donnait le droit aux armées occupantes de requérir certains travaux des communes ou des habitants, mais jamais elle ne les autorisait à faire servir ces travaux à des défenses militaires.

D'ailleurs, selon que la marche des événements lui était favorable ou défavorable, l'autorité allemande variait dans sa conception des réquisitions.

Nous n'en voulons pour preuve que les extraits suivants de ses affiches plus ou moins contradictoires :

Cambrai, le 28 novembre 1914.

Le gouvernement de Lille a besoin d'ouvriers pour les travaux de fortification. Il faut aviser toute la population mâle en état de porter les armes qu'elle doit s'attendre à être envoyée en Allemagne, si on ne trouve pas le nombre nécessaire d'ouvriers.

La commune de ..... doit indiquer à la Kommandantur de Cambrai le nombre d'ouvriers qui se présentent pour ces travaux.

Etappen-Kommandantur Cambrai.

Signé : SCHÖTTL,
General-major.

Est-il besoin de dire que la mairie n'ouvre aucun registre pour l'inscription de ce genre de travail et qu'il ne se présente aucun ouvrier?

L'ennemi montre une certaine inquiétude au sujet du mouvement qui porte les jeunes

Français et les jeunes Belges vers la frontière de Hollande. Il organise alors le contrôle mensuel des hommes et le port des cartes d'identité. Comme les inscriptions en vue de ce contrôle ne marchent guère, et pour donner le change, il tient à rassurer l'opinion.

Par une affiche de l'inspection des étapes, datée de Valenciennes le 11 février 1915, il déclare que les hommes âgés de 17 à 50 ans doivent se présenter aux appels mensuels et que ceux qui s'y présenteront « ne se verront exposés à aucun désagrément pour leur personne; *ils ne seront point transférés en Allemagne* comme prisonniers de guerre. »

Cette affiche est confirmée par une proclamation du « général commandant en chef » datée du 19 mars 1915, qui annonce faussement :

L'armée allemande fait la guerre aux forces armées et non aux paisibles habitants des territoires traversés et occupés par elle. Elle garantit aux habitants et aux prisonniers de guerre une sécurité entière en ce qui concerne leurs personnes et leurs biens autant qu'ils ne se priveront pas, eux-mêmes, de ce privilège par des actes hostiles contre les troupes allemandes.

Nous ne perdrons plus tard aucune occasion de rappeler au haut commandement des paroles comme celles-là, mais il fera toujours la sourde oreille. Je parierais même que l'auteur de la proclamation a été rapidement désavoué par les grands chefs de l'armée allemande.

Le miel ne produisant aucun effet, et les inscriptions volontaires ne « marchant » décidément pas, on en arrive à une manière plus forte :

AVIS.

On a arrêté en Belgique des Français mobilisables du territoire de la Commandanture de Cambrai, qui en partie s'efforçaient de gagner les pays ennemis par la Hollande pour entrer dans l'armée ennemie, et en partie voulaient se soustraire au contrôle des mobilisables dans le territoire d'étape pour chercher du travail en Belgique. Toutes les personnes qui sont dans ce cas seront condamnées à des peines sévères et ensuite transportées comme prisonniers en Allemagne.

Cambrai, le 15 juin 1915.
Etappen Kommandantur Cambrai.

Ainsi, par l'effet des menaces progressives, les hommes sont amenés à se faire inscrire au contrôle de la feld-gendarmerie et à montrer leur carte d'identité.

Ceux qui sont trouvés non porteurs de cette carte sont arrêtés, emprisonnés, et, dans un certain nombre de cas, envoyés à cette chose horrible qui s'appelle le bataillon de discipline. La sécurité individuelle n'existant plus si l'on ne se soumet pas à cette obligation du contrôle, il arrive qu'au bout de peu de temps la presque totalité des hommes est inscrite sur la liste des « mobilisables » dressée et tenue à jour par les Allemands.

Dès lors, quand ceux-ci voudront organiser les colonnes ouvrières, ils auront des listes toutes faites dans lesquelles ils puiseront arbitrairement et feront un choix selon les aptitudes physiques des hommes.

D'abord, et depuis le commencement de 1915, ils réquisitionnent de nombreux jeunes gens ou ouvriers pour divers travaux à exécuter sur place : nettoyage des gares et de divers locaux, service de domestiques dans les ambulances, manutention de marchandises dans les docks, etc... Mais ce n'est qu'en 1916 que les véritables « colonnes ouvrières » ou « bataillons de travailleurs » sont organisés.

Le dimanche 25 juillet 1916, le général Schottl, gouverneur de Cambrai, me fait appeler et me somme, selon « ordre supérieur », de lui fournir une liste de 350 ouvriers qui devront aller travailler « dans les environs » à des « travaux analogues », dit-il, à ceux qui sont exécutés par une équipe de 100 ouvriers civils réquisitionnés à Masnières.

Je réponds que je ne puis absolument pas fournir de semblable liste. Le général ajoute alors qu'il s'agit « de travaux légers », découpage et ramassage de bois à Havrincourt : il spécifie que les ouvriers seront « soigneusement logés et abrités, et qu'ils seront nourris avec les denrées du ravitaillement américain ».

Comme je doute de son affirmation, j'exprime ma crainte de voir ces ouvriers occupés un jour à des travaux de tranchées. Schottl proteste alors avec vivacité, affirmant que « ce n'est pas son intention ni celle de ses supérieurs d'obliger les ouvriers français à ces sortes de travaux ».

Je persiste dans mon refus; le gouverneur répond alors avec humeur que la liste dont il a besoin sera composée par la feld-gendarmerie.

Si j'en juge d'après le ton employé vis-à-vis de moi, le général est pressé d'avoir une solution ; il est porteur en effet d'instructions formelles de l'inspection des étapes.

Je sors très affecté de cet entretien, me demandant ce que je dois faire pour sauver mes concitoyens. J'ai affirmé au gouverneur qu'il n'y avait plus à Cambrai de travailleurs disponibles, mais il sait bien d'après les listes des hommes mobilisables que c'est inexact, et il ne cédera pas, d'autant plus qu'il m'a déclaré, dans le feu de notre conversation aigre-douce, que s'il ne peut obtenir ou s'il ne peut composer une liste de travailleurs, il fera pousser les habitants en masse et il « prendra au hasard dans le tas ».

Je me promets fermement de répondre à cette brutalité par une autre brutalité qui me vaudra l'exil ou tout au moins mon éloignement de Cambrai, et je serai du même coup débarrassé de mes soucis. C'est, en effet, une souffrance intolérable que d'être obligé d'assister impuissant à une pareille œuvre d'iniquité. Ce serait pour moi la solution la plus heureuse... Une seule considération me retient pourtant. N'y a-t-il pas encore un devoir à remplir?... Si je tentais l'impossible? Si je ne puis sauver en bloc les hommes, puisque je suis seul, sans appui, sans force armée pour me soutenir, je puis essayer du moins de les sauver individuellement et m'appliquer avec quelques collaborateurs de bonne volonté à ruiner les listes élaborées par l'ennemi.

Démarches, visites, rebuffades, tentatives de toutes sortes seront donc tentées...

Mais serais-je mal compris? Certains de mes collègues craignent que semblables interventions, qu'un tel travail de sauvetage ne soit mal interprété par mes concitoyens. Pourquoi sauver tel plutôt que tel autre? Je répondrai que le premier est père de famille, ou qu'il est malade ou qu'il ne pourra supporter de durs travaux... « Faites attention, ajoute-t-on alors, vous allez créer une catégorie de mécontents... »

Alors, faut-il que, pour quelques-uns que nous ne pourrons sauver, nous ne tentions rien pour les autres?

Problème terriblement angoissant. Certes, il serait bien plus simple de ne rien faire et de laisser les Allemands « prendre au hasard dans le tas ». Mais est-ce bien le devoir?...

Cependant un incident me donne à réfléchir. Je m'excuse de le rappeler ici :

Un père de famille dont le fils est appréhendé par les Allemands vient me trouver :

— Pourquoi mon fils figure-t-il sur la liste de la colonne ouvrière?

— Je l'ignore absolument, car je ne suis pour rien dans la confection de cette liste. Elle est dressée par la gendarmerie allemande.

— C'est l'aveu que j'attendais de vous, riposte mon interlocuteur, et vous êtes d'autant plus coupable!!... Vous auriez dû faire une liste en n'y faisant pas figurer le nom de mon fils!!...

Que répondre à un père injuste mais qui souffre?

Son état d'esprit a pu être celui de quelques autres, mais ne soyons pas sévères pour eux : leurs souffrances les excusent.

Cependant, je tiens à respecter l'avis de mes collègues. Plus éloignés que moi des brutalités de la Commandanture, ils sont sans doute mieux placés pour juger la difficulté avec impartialité et circonspection. Aussi je cesse toute intervention, mais à grand regret, je l'avoue.

Cette nouvelle attitude devait cependant amener une grande confusion et de graves déboires.

Le général, impatient de préparer un départ d'ouvriers, fait arrêter des hommes par ses gendarmes. Aussitôt chacun de se cacher. C'est alors la chasse à l'homme. Les jeunes gens alertes et débrouillards (qui songerait à les en blâmer?) se terrent ou se sauvent. Mais, du coup, les pères de famille, plus confiants dans leur cause, tombent dans les griffes des gendarmes. Et c'est par cette violence que les Allemands parviennent malgré tout à composer des départs successifs pour leurs bataillons de travailleurs.

Le samedi 31 juillet 1916 restera pour moi comme l'une des plus mauvaises journées que j'aie endurée pendant l'occupation; elle est l'une des plus douloureuses de ma vie.

Le général Schottl m'envoya l'ordre de me rendre à l'appel des hommes en partance pour Havrincourt afin d'assister à leur inspection.

Mes collègues présents à la mairie me conseillèrent de me rendre à cette convocation.

Quand j'arrivai dans la cour de l'hôtel de ville où devait se faire cette inspection, je trouvai les hommes placés par les gendarmes sur deux rangs, leur ballot de linge sur le dos; ils attendaient anxieusement le sort qui pesait sur eux. La moitié d'entre eux étaient des pères de famille!!

Le général, cravache à la main, entouré de quelques officiers et gendarmes, m'attendait.

A mon arrivée ce fut un beau déchaînement de brutalités.

Les malheureux avaient déjà essayé timidement de faire fléchir le Teuton et d'exposer les raisons pour lesquelles on ne pouvait pas les maintenir dans cette colonne de partants. Mais le haut galonné, d'un air ironique et dédaigneux, leur répondait par un refus cinglant. Pourtant il se trouvait là des cas douloureux de nature à faire fléchir une âme moins barbare que celle du gouverneur : par exemple, celui de ce père de famille dont la femme venait de subir une grave opération à l'hôpital et qui avait la garde et la charge de plusieurs petits enfants.

Pour ce dernier entre autres, je tente d'intervenir.

Le général m'arrête, me toise en ricanant, et dans un hurlement que je n'oublierai jamais, il crie à cet homme :

— Si vous partez, c'est la faute de la mairie. C'est aussi la faute de la mairie si les jeunes gens se cachent. Beau pays que la France, où l'on peut se targuer de la devise « Fraternité ! Égalité ! » Où est-elle, votre fraternité ? Où sont les hommes qui se dévouent pour partir à la place de celui-ci ?

Certes, dans les tranchées françaises, un appel de ce genre aurait fait lever mille hommes pour en sauver un seul. Mais s'offrir pour le service du kaiser ! S'offrir pour que, malgré tout, le sacrifice soit inutile, puisqu'il aurait procuré deux hommes au lieu d'un !...

J'ai dit que mes collègues m'avaient conseillé, afin d'éviter des mécontentements parmi les non-appelés qui auraient pu l'être du fait de l'exemption de quelques autres, de ne pas intervenir. Mais, je le demande, comment ne pas intervenir en faveur d'une détresse pareille ! Je passai donc outre au conseil que j'avais reçu et je continuai à plaider la cause de mon malheureux concitoyen. Alors la colère du vieux gueulard devint plus violente encore et je compris que, devant mes compatriotes, c'était mon humiliation qu'il cherchait.

Il continua son inspection, ayant une insolence à l'adresse de chacun et une insolence à mon adresse.

Dès lors je décidai de rester impassible sous les outrages, afin de ne pas aggraver la situation par une imprudence. Mais quelle lourde croix pour mes concitoyens et pour moi ! Même aujourd'hui, le souvenir de cette journée me soulève d'indignation.

Je ne pus cacher cette tristesse lorsque, deux jours après, je rendis compte des faits à mes collègues du conseil municipal. Ils partagèrent mes révoltes. L'un d'eux proposa que, par un vote unanime, l'attitude de la municipalité fût approuvée, et qu'une protestation fût formulée contre les paroles du général, paroles injurieuses pour la municipalité et pour le conseil municipal. La motion votée à l'unanimité portait cette phrase : « Il doit être, en effet, nettement établi que les hommes convoqués le 31 juillet l'ont été par l'autorité allemande, qui garde seule la responsabilité de cet acte arbitraire. »

Dans cette même séance, je demandai l'envoi d'une supplique adressée à l'ambassadeur des États-Unis, à Berlin, afin d'appeler son attention sur l'acte injustifiable commis par le gouvernement allemand et le prier d'intervenir auprès de celui-ci.

Notre requête, conçue en termes modérés parce que nous n'avions d'autre moyen de transmission que celui des Allemands, fut remise à la Commandanture. Celle-ci la retourna avec la réponse révoltante que voici :

N° 27678.
ET. KOMMANDANTUR 2/IB.
— 14 août 1916.

A la ville de Cambrai.

A la lettre du 4 de ce mois, l'autorité supérieure répond :

Si la ville veut se plaindre de mesures militaires, elle doit s'adresser à la Kommandantur d'étape. Celle-ci décidera de la suite à donner et si elle n'est pas à même de le faire, transmettra la requête à l'autorité supérieure.

Une plainte à un ambassadeur d'un État neutre sur des mesures prises par l'autorité militaire allemande est inacceptable, car ce dernier ne résidant pas sur les lieux ne peut juger des mesures prises.

D'ailleurs, les habitants de Cambrai en question ne sont point du tout exposés au feu d'artillerie. Ils sont occupés à faire des routes et abattre des arbres. Ils seraient exposés de la même façon à Cambrai aux attaques d'aviateurs français et anglais qui jettent des bombes sans égard pour les populations.

Signé : SCHÖTTL.

Il est vrai, en effet, que, dès le début, les travaux consistaient en terrassements de routes et abatages d'arbres. Mais nous apprîmes par la suite que certaines colonnes devaient tracer des tranchées et des emplacements de bastions ou abris de mitrailleuses. Tout d'abord, les hommes refusèrent d'exécuter ce travail. On les tint alors debout au milieu des champs, sous un soleil ardent ou sous la pluie pendant des heures interminables, sans nourriture aucune. Les meilleures volontés ne purent résister à semblable supplice, agrémenté encore de bourrades et de coups de crosse...

Quelques jeunes gens tentèrent de s'enfuir.

Une ordonnance fut aussitôt affichée :

ORDONNANCE.

Afin de réduire les évasions des ouvriers civils qui font partie des bataillons de travailleurs, j'ordonne pour la région de l'étape de la Ire armée comme suit :

I

Pour chaque fugitif de la région mentionnée ci-dessus qui fait partie d'un des bataillons d'ouvriers civils étant sous mes ordres, un membre masculin de sa famille ou de sa parenté ou un habitant de son dernier domicile sera incorporé par contrainte au bataillon d'ouvriers civils et y sera retenu jusqu'à ce que le fugitif soit rentré au bataillon.

II

Celui qui procurera au fugitif de la nourriture, du logis ou une assistance quelconque ou qui négligera de dénoncer sans délai au commandement militaire au plus proche le séjour d'un fugitif dont il a reçu connaissance, sera puni d'un emprisonnement jusqu'à un an et d'une amende pouvant s'élever jusqu'à 1000 marks ou d'une de ces deux peines. La tentative sera punie de même.

Signé : VON HEYDEBRECK,
Generalleutnant et inspekteur.

Nos protestations écrites et verbales se multiplièrent. Avec le concours du conseil municipal et de plusieurs personnalités de la ville, des réclamations très pressantes furent adressées à la Commandanture ou à « l'autorité supérieure ».

Je ne puis reproduire *in extenso* toutes ces lettres et protestations.

Voici le résumé de quelques-unes :

Le 5 septembre 1916, la municipalité et la commission des notables confirment par lettre les démarches déjà faites par la municipalité et insistent pour obtenir le retour des ouvriers civils occupés dans la région d'Havrincourt.

Le 19 avril 1917, je proteste par écrit contre les travaux de tranchées exécutés dans les environs de Cambrai par une colonne qui vient d'être enrôlée, « travaux commandés sous menace de graves punitions et de répressions corporelles ».

Quelques jours après, je communique aux notables de la ville le résumé de l'entretien que j'ai eu avec le gouverneur, colonel Gloss, à la suite de l'envoi de cette lettre :

Les travaux demandés aux ouvriers des colonnes ne sont pas des travaux de guerre, a-t-il déclaré; je ne vois pas de différence entre un travail dans les gares ou ailleurs et des travaux faciles à exécuter dans les champs; il n'y a pas de danger, les ouvriers ne sont pas exposés au feu.

J'ai répondu que ces travaux étaient en contradiction formelle avec la Convention de La Haye qui les défend, et c'est pourquoi je lui ai écrit.

Vous êtes, a répliqué le colonel, de grands enfants; vous n'aviez qu'à faire la paix en décembre. On vous l'a offerte. Vous préférez laisser prendre Calais, Boulogne, Dunkerque par les Anglais. Chassez les Anglais, vous aurez la paix tout de suite. D'ailleurs, en France, on occupe des soldats allemands sur le front.

J'ai protesté sur ces divers point en ajoutant que les Français n'étaient pas capables d'obliger les soldats allemands à travailler sur le front.

En l'attente d'une solution à mes réclamations, j'ai encore demandé au gouverneur d'intervenir auprès des officiers afin que, pour le moins, nos hommes ne soient ni brutalisés, ni molestés et que leur situation soit améliorée.

La réponse a été :

Je vais faire venir le commandant tout de suite, je vous le promets, et je lui en parlerai. Nous ferons à cet égard ce que nous pourrons.

Ai-je besoin de dire qu'ils se gardaient bien de faire ce qu'ils pouvaient!

Le 29 avril 1917, nouvelle lettre et nouvelle démarche pressantes auprès du gouverneur. La colonne travaillant à Sailly-Sancourt m'a envoyé une délégation pour me signaler que quelques obus du front sont tombés à proximité de leur travail après avertissement préalable donné par la mitrailleuse d'un avion allié. J'insiste très vivement auprès du gouverneur pour que ce travail cesse immédiatement. Il répond comme d'habitude, par des promesses vagues qui ne peuvent me satisfaire, et je prends le parti, à chaque convocation hebdomadaire qu'il m'adresse, de lui rappeler les susdites promesses et de serrer de près mon argumentation. Mais lorsqu'il pressent que les discussions vont être plus âpres et qu'il sera embarrassé de répondre, il prend une résolution héroïque : le jeudi matin, un quart d'heure avant le rendez-vous qu'il a fixé, il dépêche un planton pour me faire savoir « qu'il n'a rien à me dire et que je ne dois pas me déranger ».

Le 30 août 1917, nous protestons encore avec la commission des notables qui se joint à nous, contre les allégations de la *Gazette de Cologne.* Celle-ci prétend que ce sont les Français qui mentent en affirmant dans leurs journaux que les habitants des pays envahis sont contraints par les Allemands à exécuter des travaux de tranchées. Ces affirmations sont de « grossiers mensonges » et la mauvaise foi française est ignoble, clame la fameuse gazette !

La lettre collective que nous écrivons confirme les protestations du maire de Cambrai et demande qu'enfin notre voix soit entendue.

La réponse de la Commandanture vaut la peine d'être reproduite.

Je cite textuellement les notes rédigées sur-le-champ :

Le 8 septembre 1917,
à 10 heures du matin.

Entrevue avec le gouverneur pour entendre la réponse à la lettre adressée le 30 août au général en chef par la commission des notables, au sujet des travaux imposés aux ouvriers des colonnes.

Etaient présents : MM. Demolon, Garin, membres de la municipalité; Hélot, président de la Chambre de commerce; Morand, président du tribunal de commerce; Rivière, bâtonnier de l'ordre des avocats; Lestoille, président de la compagnie des avoués; Pluvinage, secrétaire général de la mairie, et Godchaux, interprète.

Le gouverneur exprime d'abord ses regrets au sujet des accidents de personnes causés par les attaques récentes des aéroplanes. Il espère que ces accidents seront les derniers.

Abordant l'objet de la discussion, il expose qu'il a envoyé avec avis favorable la lettre des notables relatives aux travaux exécutés par les ouvriers civils et qu'il va donner la réponse faite à cette lettre par l'autorité supérieure.

En premier lieu :

Il n'y a pas, dit-il, de bombardement sur les endroits où travaillent les ouvriers civils; ces lieux de travail se trouvent bien, il est vrai, à la portée des canons, mais il en est de même de la ville de Cambrai. D'ailleurs, les autorités de surveillance ont ordre de ne pas laisser travailler dans les endroits vers lesquels le feu de l'ennemi serait dirigé et, s'il venait à y avoir danger, les ouvriers seraient immédiatement retirés plus loin.

En deuxième lieu :

Les travaux en exécution sont destinés à fermer le front *contre les Anglais, et non contre les Français. Ces travaux, exécutés par des ouvriers civils, rentrent donc dans ceux prévus par les lois de la guerre, puisqu'ils ne sont pas exécutés contre leur propre patrie.*

En troisième lieu (et j'appelle particulièrement votre attention sur ce point) :

Les ouvriers ont toujours jusqu'ici travaillé « avec obéissance! »; les notables sont informés qu'ils doivent se garder de toute excitation parmi les ouvriers et éviter de jeter le trouble dans la population, sinon il en résulterait des punitions contre eux et la population elle-même.

Le gouverneur ayant terminé, M. Demolon demande à répondre quelques mots et s'exprime ainsi :

Sur le premier point :

Nous ne sommes pas d'accord avec l'autorité allemande, car nous estimons que les ouvriers occupés immédiatement derrière le front courent de réels dangers. Eux-mêmes nous ont déclaré à maintes reprises avoir entendu les obus siffler au-dessus de leur tête et avoir dû se coucher pour en éviter les atteintes.

Sur le deuxième point :

Nous ne pouvons admettre la différence faite par l'autorité allemande entre les Français et les Anglais; ces derniers sont nos alliés, et ce qui est fait contre eux est fait contre nous, c'est-à-dire contre notre Patrie. Je ne puis donc que protester contre cette distinction et cette interprétation.

Sur le troisième point :

Enfin, le conseil municipal, toutes les autorités et tous les notables ont toujours eu pour principe depuis trois années de recommander le calme et la correction vis-à-vis de l'autorité allemande afin d'éviter toutes représailles et tous ennuis à la population. Rien ne saurait nous être reproché à cet égard.

Le gouverneur réplique en répétant que s'il y a le moindre danger pour les ouvriers, ceux-ci seraient immédiatement retirés plus loin. Quant à nous, ajoute-t-il, nous vous protégeons, et les Anglais, vous le verrez, seront un jour vos ennemis.

M. Demolon demande à ajouter un mot :

Les journaux allemands, dit-il, parlent de la visite prochaine sur le front d'une délégation de membres du Reichstag; nous demandons à être entendus par eux afin de leur expliquer dans quelles conditions douloureuses nos ouvriers sont obligés de travailler contre leur patrie.

Le gouverneur nous engage à nouveau à rester tranquilles et à ne rien faire, ceci dans l'intérêt de la population.

Ces protestations officielles n'excluaient pas de notre part, ni de celle du secrétaire général de la mairie, de notre personnel et de nos interprètes, des interventions pour sauver les concitoyens dont nous apprenions la situation malheureuse à la « colonne »; nous voulions les sauver tous; mais cela c'était un travail d'Hercule et il eût fallu cent mille baïonnettes pour appuyer notre action.

Je songe à ces milliers et milliers de jeunes hommes venus des points les plus divers des territoires envahis, de Lille, des Ardennes, de la Belgique, obligés de se plier aux exigences ennemies, de travailler dans les tranchées, de mourir dans les bataillons de discipline sans pouvoir se plaindre à qui que ce soit. Et je me réjouis pour les nôtres de ne les avoir point vus trop éloignés de chez nous, et d'avoir pu constamment, avec des personnes dévouées, prendre leur défense et contribuer ainsi à alléger quelque peu leur horrible fardeau.

Ce que je veux dire aussi, c'est qu'un grand nombre de jeunes gens étrangers à notre ville échouaient souvent à Cambrai, dans notre hôpital civil, abandonnés par les Allemands, après de terribles épreuves : pieds gelés, mutilation, tuberculose résultant des mauvais traitements subis, du manque d'hygiène et du manque de nourriture : pauvres épaves humaines que nous voulions réconforter et que nous tâchions de guérir. Nous avons eu ainsi, certains jours, près de 700 de ces malheureux en traitement dans notre hôpital.

Qui dira le *dévouement* de la direction, du personnel, des infirmières et des docteurs ! Le seul chirurgien civil resté à Cambrai, le docteur Debu, fit des prodiges et réalisa des miracles avec les moyens les plus réduits; les Allemands nous avaient en effet expulsés à plusieurs reprises de nos salles d'opération en enlevant tout le matériel. Grâce à tant de dévouements et d'initiatives, bien des existences précieuses furent sauvées.

Telle est, en quelques pages trop courtes, la triste histoire des colonnes ouvrières dans les pays envahis.

1918

PETITES HISTOIRES QUI EN DISENT LONG.

Les officiers ont le verbe haut et arrogant. Aucun « envahi » n'a pu s'habituer aux cris gutturaux de ces fats qui avalent généralement les couleuvres du grand état-major et se parent de l'orgueil des grands chefs. Il est cependant des exceptions, nous le verrons tout à l'heure.

Le soldat, lui, se tait volontiers. L'armée allemande est silencieuse. Lorsqu'il cause, par hasard, le soldat s'exprime presque toujours sentencieusement.

J'ai chez moi, logé dans une dépendance de la maison, le gardien d'écurie de la Commandanture. C'est un garçon rangé, ponctuel, que je crois sans malice. Il connaît un peu le français, mais n'est pas plus bavard pour cela. Nous nous contentons, au surplus, d'échanger avec lui un salut correct et froid tous les quinze jours.

Un dimanche matin, Joseph, c'est son nom, paraît accablé. Il est assis sur le banc de la cour, la tête dans les mains, en proie à des réflexions que nous jugeons assez sombres.

Contrairement au règlement et à l'habitude qu'il a prise, il n'est pas allé à la messe ce dimanche-ci. Songe-t-il aux premiers insuccès des troupes allemandes? Les Américains, dont le nombre croît sans cesse en France, le préoccupent-ils?

On ne sait.

Une personne occupée dans la maison et qui d'ordinaire ne parle jamais à l'Allemand est intriguée de le voir dans cet état; et passant devant lui, elle sort pour une fois de sa réserve :

— Monsieur Joseph, vous n'allez pas à la messe, aujourd'hui?

Joseph lève la tête, regarde cette personne et dit simplement, mais avec une amertume non dissimulée :

— Je n'irai plus à la messe... le Bon Dieu est parti en Amérique!!

Parfois cependant, à l'occasion d'événements importants, le langage des Allemands est plus animé.

Un groupe de soldats vient de lire une affiche signée du maréchal Hindenburg. Celui-ci abuse un peu des proclamations depuis quelque temps; c'est qu'il faut à tout prix exciter le courage et la résistance de ses troupes.

Un de nos amis, interprète à la mairie, passe près d'eux; il les entend jurer : « Des blagues tout cela! Qu'on nous la f..., la paix; qu'on nous renvoie chez nous! Nous en avons assez. »

Nous ne savons pas toujours au juste ce qui se passe chez eux. Mais les petits faits que nous notons ont leur importance et nous renseignent. Aussi nous plaisons-nous à les colporter autour de nous afin de donner un peu de joie et de confiance à la population.

S'il se trouve encore de temps en temps un officier pour essayer de clamer, comme le comte de Walvitz : « L'univers est à nous », et qu'un ami en soit impressionné, nous lui raconterons de nouvelles histoires de ce genre. En voici une autre :

Mars 1918. La grande attaque se prépare; nous le savons depuis longtemps. Nous avons vu passer des convois importants, des canons de tous calibres, et cela depuis deux mois, se dirigeant sans cesse vers le front et n'en revenant jamais.

Un ami loge un officier et tâche de lui arracher quelques renseignements. L'officier ne se fait nullement prier :

— Vous voulez savoir, dit-il, eh bien, voilà!

Il déplie ses cartes :

— De tel endroit que voilà à cet autre endroit nous avons tant de divisions, ce qui fait tant d'hommes. Vous pouvez faire la proportion d'après la longueur du front d'attaque qui va de ce point-ci jusqu'à cet autre. Mais remarquez bien ceci, ajoute l'officier, nous avons pris en Allemagne le ban et l'arrière-ban de tous les hommes en état de participer à cette attaque. Nous n'avons donc plus personne chez nous; nos réserves sont épuisées. Je n'ai pas, quant à moi, grande confiance dans cette dernière tentative; mais sachez que si nous échouons, nous sommes foutus!

Mon ami remercia l'officier de son intéressant... « déballage ».

Cet état d'esprit allemand ne fit que s'accentuer. Un incident qui se produit en août 1918 nous révèle brusquement un état d'âme dont la gravité ne nous échappe pas :

Ce matin, lundi 12 août 1918 (comme chaque matin par temps clair), les avions alliés viennent faire leur inspection au-dessus de la ville et lâcher quelques douzaines de bombes..

Fuite précipitée des spectateurs vers leurs caves...

Fracas des formidables détonations...

Silence qui leur succède... Encore quelques minutes de prudence et tout le monde remonte en poussant un soupir qui veut dire : « Ce n'est pas encore mon tour. »

Mais ce jour-là les explosions continuent, peu violentes au début, puis plus fortes, puis terriblement impressionnantes. Un soldat me dit :

— Explosion munitions gare annexe !

Une bombe d'avion, en effet, a produit l'explosion d'un train de munitions. Soixante-dix-huit wagons de munitions, un train complet d'artillerie avec équipage, des centaines de wagons en triage sur les voies, tout cela saute et brûle.

Du haut du campanile de l'hôtel de ville, j'assiste, à distance, à ce grandiose spectacle qui va durer des heures entières.

Imaginez une immense colonne de fumée épaisse et noire se dégageant d'un brasier de plusieurs centaines de mètres de longueur; cette fumée monte elle-même à plusieurs centaines de mètres avant d'être emportée par le vent.

Imaginez dans cette masse sombre des rougeoiements immenses accompagnant les explosions répétées d'un arsenal de milliers d'obus de tous calibres ; puis les miaulements caractéristiques des éclats lancés dans toutes les directions qui font baisser instinctivement la tête.

Vraiment ce spectacle a une beauté tragique et réjouissante.

Mais le pire, pour les Allemands, n'était pas dans la destruction du matériel et des munitions. En effet, près de la gare et du matériel qui flambaient, se trouvait le hall d'une grande fabrique de chicorée contenant l'approvisionnement général de bouche de la

XVIIe armée. Le tout prit feu. Alcools, vins, viandes de conserve, farine, biscuits de troupe, etc., etc., rien ne resta. Les dégâts dépassaient 50 millions de marks !!

Les pompes de Saint-Quentin, de Valenciennes, de Caudry, et celles de Cambrai, amenées sur les lieux par les Allemands, n'eurent pas à fonctionner, le foyer étant trop important.

Les fûts de beurre, de graisse et ceux d'alcool brûlaient en produisant dans le soir tombant d'immenses et curieuses lueurs multicolores.

Quand ils se rendirent compte du désastre, les officiers voulurent organiser le sauvetage de ce qui n'était pas encore atteint dans les approvisionnements de bouche. Ils comptaient sur le dévouement de la troupe, mais la troupe en ce temps-là se moquait des officiers.

Ce fut un beau pillage : chaque soldat se sauvait avec son chargement maximum de boîtes de conserves qu'il vendait au premier civil rencontré.

Les officiers menaçaient les soldats sans aucun succès ; finalement ils durent amener des mitrailleuses, mais en attendant qu'elles fussent prêtes à fonctionner, les soldats lançaient les boîtes de conserve à la tête des gradés. Les temps étaient changés !

Quant à nous, amusés par cette catastrophe, égayés par ces incidents, nous pensions : « Il y a du bon... »

LES BOMBARDEMENTS

Les bombardements de jour et de nuit par les canons du front et par les avions ont été souvent terribles; combien de concitoyens furent tués ou mutilés! Notre cité, augmentée de nombreux réfugiés, a considérablement souffert.

Au point de vue matériel, les dégâts, avant la catastrophe finale d'octobre 1918, étaient déjà importants et nous comptions plusieurs centaines d'immeubles fortement atteints par les engins de guerre.

A certaines grandes époques qui correspondaient souvent à des offensives, soit des alliés, soit des ennemis, il ne se passait guère de semaine sans que les autorités de la ville n'assistassent en corps à des cérémonies funèbres de victimes de bombardements.

L'une des périodes les plus tragiques fut celle de novembre 1917 : un millier d'obus du front s'abattit sur la ville, occasionnant la perte de nombreuses vies humaines et apportant de sérieux troubles dans la vie de la cité.

Cet événement fut tout aussi imprévu pour les Allemands que pour nous. Nos ennemis étaient absolument atterrés de la soudaineté de l'attaque anglaise, et dès le second jour nous connaissions par eux la puissance des tanks et la frayeur que ces engins leur causaient.

Cette avance s'affirmait sans que nous, civils, puissions exactement la définir en tant que gain de terrain. Des bruits que nous croyions fantaisistes circulaient : on disait que les Anglais occupaient Masnières, Cantaing, La Folie... Comme je traversais, dès le second jour, le nouveau jardin public, je vis des convois d'artillerie y déposer des munitions, et des officiers étudier des dispositions de mise en batterie.

Je compris dès lors la gravité de la situation : nous devenions brusquement ligne de feu.

En rentrant chez moi, je fus appréhendé par des soldats qui me cherchaient ; ils venaient m'arrêter. Ils me conduisirent à la mairie où je retrouvai plusieurs notables de la ville arrêtés également comme otages : Mgr l'archevêque, MM. Garin, Morand, Hélot, Lestoille, l'abbé Deskrewer.

Grâce à nos familles qui nous firent parvenir le nécessaire, notre installation fut supportable; nous nous trouvions logés dans une chambre du premier étage, et la nuit surtout, pendant le bombardement, nous passions notre temps à discuter sur les trajectoires des obus passant, avec leur sifflement caractéristique, au-dessus de nos têtes et se dirigeant vers la gare de Cambrai.

Le bombardement s'aggrava pendant plusieurs jours, avec de rares moments de répit pendant lesquels la population cherchait à se ravitailler.

Les Allemands, tête basse, bagages pliés, partaient vers l'est.

Les rues étaient encombrées de blessés revenant du front, et même de déserteurs.

Les hôpitaux allemands étaient pleins. Deux fois par jour des caravanes de blessés s'en allaient lentement vers l'Allemagne. Des fourgons de cadavres arrivaient qu'on enfouissait précipitamment (du côté d'Escaudœuvres).

Les premiers renforts allemands qui traversaient la ville manquaient d'enthousiasme! Ah! si les Anglais avaient su!

Le major de place affirmait, gorge serrée :

— Demain les Anglais seront ici.

Le gouverneur, avant de fuir, venait faire des visites fréquentes aux otages enfermés; il nous répétait toujours :

— Dites à la population d'être bien calme, de ne pas s'exciter, etc., etc.

— Mais alors, répondions-nous, rendez-nous la liberté afin que nous puissions communiquer avec la population.

— Je ne puis vous libérer d'après ordre supérieur, mais dites bien à la population..., etc.

Tout cela voulait dire : « Les Anglais vont surgir, il ne faut pas que la population nous donne le coup de grâce en nous tirant dans le dos. »

Hélas! D'autres troupes de renfort viennent, celles-ci plus fermes. La contre-offensive allemande commence. Il est impossible d'en douter. Le gouverneur m'a dit aimablement :

— Ne craignez plus rien, nous allons vous débarrasser des Anglais!!!

Et nous sommes remis en liberté. C'est la fin de nos espérances.

Nous tombons de très haut. Non, nous n'assisterons pas, frémissants, à la bataille dans les rues; nous ne verrons pas la fuite du Boche; nous ne pleurerons pas de joie en accueillant dans nos bras les libérateurs tant attendus. Nous n'avons plus à craindre de mourir de plaisir!

Le joug retombe sur nos épaules, plus lourd que jamais, et, cette fois, il paraît éternel.

Nous résistons à cette épreuve, Dieu sait comme! Et la vie morne reprend, traînant ses heures sombres.

Une seule chose nous redresse : crâner, crâner toujours devant l'Allemand.

Notre déception fut encore aggravée par de nouveaux deuils, par le désastre d'une ville en partie pillée déjà par la horde teutonne en retraite, en partie démolie par les obus. Certaines rues n'étaient qu'un amas de ruines. Les obus avaient, en outre, fait beaucoup de victimes; des familles disparurent; à l'hôpital, un projectile tombé au milieu d'un groupe de femmes les tua presque toutes.

A l'occasion de ce bombardement, une singulière polémique surgit entre l'un de nos interprètes et quelques artilleurs revenant de Bourlon. L'interprète s'étonnait qu'il ne fût pas possible de préserver une population inoffensive placée tout à coup sur le front de bataille. Les artilleurs répondirent :

— Vous seriez des naïfs si vous croyiez que ce sont les Anglais qui vous ont envoyé des obus ; c'est nous qui le faisions.

— ???

— C'est parce que nous avions la certitude d'une avance décisive des Anglais ; et comme nous voulions piller la ville avant de partir et que les règlements s'opposent au pillage d'immeubles intacts, il fallait bien vous bombarder pour avoir le droit de vous emporter quelque chose.

Ce raisonnement est-il impeccable? En tout cas, il est bien teuton!

Au surplus, je puis rapporter aussi que des habitants de Proville, au moment où ils furent évacués de leur commune au cours de la semaine de l'avance anglaise, affirmèrent avoir vu des batteries allemandes pointées vers Cambrai.

Avec la mentalité allemande il ne faut s'étonner de rien.

Le bombardement de mars 1918 vint ensuite; il s'agissait cette fois d'obus de gros calibre dirigés sur les gares. Certains de ces monstres passaient au-dessus de nous pour aller choir 10 kilomètres plus loin, vers un camp allemand de munitions; leur vrombissement faisait baisser instinctivement la tête.

C'était le prélude ou l'avant-riposte de la grande attaque allemande vers Amiens. Le matin où elle se produisit, la ville fut submergée pendant plusieurs heures de gaz au chlore; il fallut se réfugier en toute hâte dans des endroits bien calfeutrés afin de ne pas être sérieusement indisposés. Plusieurs concitoyens souffrirent longtemps d'avoir respiré ces gaz.

Les avions, par leurs attaques répétées et par les nombreux combats qui se livrèrent au-dessus de notre ville, causèrent également des dégâts importants.

Les dates d'octobre 1914, de mai 1915, de juillet 1916 sont celles que nos concitoyens n'oublieront pas.

Mais ce fut à partir de mai 1918 que les coups devinrent vraîment terribles. Je cite quelques extraits de mon carnet de notes qui ne relatait que les faits les plus saillants :

1918. Nuit du 27 au 28 mai. — Bombes au faubourg de Paris; un concitoyen blessé. A Neuville-Saint-Remy (commune proche de Cambrai), une mère et ses deux jeunes filles tuées; le père jambes coupées.

Nuit du 29 au 30 mai. — Bombes, importants dégâts matériels.

3 juin. — Attaque d'aviateurs à 11 heures du matin; 3 concitoyens grièvement blessés.

10 juin, 8 heures du soir. — Nombreuses bombes, 2 civils tués, dégâts matériels.

11 juin. — Nouvelle attaque d'aviateurs; 3 concitoyens tués, 7 blessés.

Nuit du 16 au 17 juin. — Nombreuses bombes dans le quartier de la Gare Annexe; importants dégâts.

17 juin. — Nombreuses bombes dans le centre de la ville; dégâts matériels.

Nuit du 23 au 24 juin. — Nombreuses bombes dans les quartiers Gauthier et Saint-Ladre; 2 concitoyens tués.

Nuit du 21 au 22 juillet. — Trente bombes quartier de la gare et deux bombes rue du Petit-Séminaire, un concitoyen tué.

Nuit du 31 juillet au 1er août. — Cent bombes de gros calibre sont tombées dans les divers quartiers; 10 concitoyens tués, 5 blessés, dégâts matériels considérables.

7 août. — Soixante bombes sur la ville et les gares; un concitoyen tué, un blessé.

12 août, à 9 heures du matin. — Visite d'aviateurs provoquant une catastrophe allemande dans la gare annexe; 78 wagons de munitions explosés, un train complet d'artillerie anéanti, 400 wagons détruits; le magasin d'approvisionnements de bouche d'une armée complètement incendié (50 millions de marks); plusieurs concitoyens sont tués et blessés; il y a des dégâts importants aux immeubles du voisinage.

13-14-15 août. — Attaques répétées d'aviateurs, un concitoyen tué, dégâts importants.

16 août. — Nombreuses bombes, 2 jeunes hommes tués, 5 blessés.

21-22 août. — Cent cinquante-six bombes de minuit à 8 heures du matin, 2 concitoyens tués.

29 août. — Bombes, dégâts matériels.

3-4 septembre. — Très nombreuses bombes sur la ville, 3 concitoyens blessés.

On imagine aisément le trouble que ces attaques constantes apportent dans la vie d'une cité. Mais je me hâte de dire qu'elles provoquent de sérieux ravages parmi les Allemands. Ceux-ci ont subi de véritables hécatombes dans les gares. Aussi éprouvent-ils une frayeur qui dépasse de beaucoup celle des civils. Cette frayeur est souvent indicible. Les Allemands sont toujours les premiers à se réfugier dans les « Katacombes », se sentant, comme ils le disent, « visés ». Pour un peu, ils diraient aux civils : « Ne vous dérangez pas, vous autres, vous n'avez rien à craindre, c'est nous que les bombes cherchent à atteindre. »

La population cependant souffre beaucoup. La préoccupation et la crainte constantes, le manque de sécurité, les courses répétées vers les caves, les séjours dans les endroits sombres et humides, les pertes de vies humaines, les destructions de maisons privant momentanément de tout abri nos concitoyens, tout cela ébranle les nerfs.

Dans ces moments tragiques notre bienfaiteur ne nous fait jamais défaut. Il s'appelle « Arthur ». C'est un nom d'emprunt destiné à dépister les ennemis. Il nous apporte, de la façon la plus discrète possible, les télégrammes et les messages de la tour Eiffel; parfois il capte au passage les communiqués de presse du sans fil de Lyon. Alors les privilégiés ne pensent plus au bombardement; ils commentent ardemment les bonnes nouvelles et les répandent aussitôt parmi le public avec certaines précautions, cela va sans dire.

Nos correspondants sont discrets eux aussi mais enthousiastes. A leur contact les nerfs se raffermissent et le sourire revient. Ah! qui dira, qui chantera les louanges méritées par ces braves jeunes cœurs, qui au risque des plus graves ennuis et des punitions les plus terribles, osèrent faire leur devoir au nez et à la barbe des ennemis, et nous donner chaque jour les nouvelles de la tour Eiffel. Grâce à eux, le fardeau fut plus léger, on devint patient et l'on ne douta jamais de la victoire finale (1).

Dans toutes les classes de la population, d'ailleurs, tout le monde sait accomplir son devoir et pratiquer une entr'aide fraternelle. Le service civil de Croix-Rouge, organisé par la mairie, se distingue par la rapidité et le calme avec lesquels les secours sont apportés là où il le faut. Des concitoyens s'offrent spontanément pour la relève et le transport des blessés. Ce service n'est pas sans danger : car parfois, sous les attaques répétées des avions, il est dangereux de sortir trop tôt.

Certaines rues présentèrent souvent le spectacle de carnage d'un champ de bataille; au cours d'une enquête faite aussitôt après le passage des avions, rue Sadi-Carnot, j'ai vu des concitoyens tués, des cadavres d'Alle-

(1) MM. Lussigny frères et M. Briot, élèves du collège municipal de Cambrai, se distinguèrent particulièrement dans la réception des sans fil de la tour Eiffel.

mands, des chevaux éventrés, des équipages détruits, des maisons démolies et des débris de toutes sortes au milieu de la chaussée.

Honneur à la population qui supporta toutes ces épreuves. Elle a assisté avec beaucoup de courage et de résignation à ces hécatombes de vies humaines, rançon terrible de la victoire finale.

Je ne voudrais pas terminer ce chapitre sans rendre un éloge mérité à deux services municipaux : à celui du ravitaillement, dont les employés et le directeur surent avec beaucoup de courage assurer la continuité malgré les dangers courus par eux, et à celui des travaux municipaux, toujours prêt à obliger nos concitoyens et à réparer leurs immeubles endommagés. Avant l'évacuation de la ville plus de quatre cents maisons avaient été réparées et rendues à leurs habitants par les seuls soins de ce service. C'est assez dire le zèle qui animait ouvriers et chefs de service.

Une mention toute particulière doit aussi être faite pour le dévouement du personnel infirmier de l'hospice-hôpital, qui en tout temps et en toute circonstance fit preuve de courage et d'endurance. En novembre 1917, il fallut descendre rapidement tous les malades et opérés dans des caves noires remplies de poussière. On fit mieux : en très peu de temps on nettoya, on installa un éclairage électrique de fortune et une salle d'opération; de sorte que sous les obus qui venaient de faire tant de ravages parmi le personnel et la population, il fut possible au chirurgien d'opérer dans une relative sécurité.

LA GRANDE DÉTRESSE DES PRISONNIERS MILITAIRES FRANÇAIS ET ALLIÉS A CAMBRAI

Dès la seconde année de la guerre, nos ennemis amenèrent à Cambrai de nombreux prisonniers militaires français et alliés, soit par mesure de représailles en les exposant sur le front au feu des leurs, soit pour les occuper à des travaux pénibles au lieu et place de leurs soldats.

Ces malheureux manquèrent de soins et de nourriture, furent mal logés, et souvent molestés par leurs gardiens. Ces rigueurs s'exerçaient de préférence sur les Russes, sur les Roumains et sur les Anglais ; ces derniers, malgré leurs souffrances, opposèrent souvent aux Allemands une morgue dédaigneuse et un parler ferme. Mais les malheureux Russes et Roumains étaient considérés comme des esclaves, comme des chiens qu'on châtie à coups de pied et qu'on laisse crever de faim. Pour être édifiés à ce sujet il suffit de faire une visite au cimetière de Cambrai (Porte de Paris) et dans certains cimetières des environs.

Un jour de décembre 1916, par un froid très rude, un convoi de prisonniers roumains arriva en gare de Cambrai. Ces militaires avaient été enfermés dans des wagons, cinq jours durant, sans nourriture, sans boisson, et se trouvaient dans une détresse inexprimable. Des cadavres raidis par la gelée furent jetés sur les quais comme de vulgaires colis.

La pitié de la population fut acquise tout de suite à ces pauvres hommes qu'une consigne cruelle et rigoureuse éloignait de ceux qui voulaient leur porter secours. On cherchait à leur venir en aide de mille manières. Des concitoyens, cachés dans les buissons du nouveau jardin public bordant la citadelle, attachaient des victuailles et des friandises au bout d'une ficelle tirée rapidement du haut du mur par des prisonniers audacieux qui bravaient les punitions. On courait dans les rues derrière les convois ou après les escouades rentrant du travail, et on essayait de glisser aux hommes du pain, du tabac, des douceurs. Mais les gardiens (nous leur donnions le nom expressif de « cochons gris ») étaient féroces et volaient souvent ce qu'on destinait aux prisonniers ; ou bien ils appréhendaient les généreux donateurs et les conduisaient au juge de guerre : et les coupables n'en étaient jamais quittes sans prison et sans amende.

Le plus difficile était de porter quelques secours aux prisonniers russes ; pour ceux-ci la consigne était plus inflexible encore que pour les autres alliés. Alors on dissimulait les dons sur les ordures bordant le chemin des prisonniers : ils découvraient vite la supercherie, et étaient tout heureux de les ramasser.

La seule intention de porter secours était répréhensible ; une brave femme de la rue du Cateau entendant passer une escouade de prisonniers militaires ouvre sa porte, puis sans la refermer, se précipite dans sa cuisine pour y chercher quelque chose, un pain sans doute, son unique pain... Son geste est compris par les gardiens : elle est arrêtée et, pour sa seule intention, conduite à la Commandanture et condamnée.

Et quand on parle de la faim des prisonniers, qu'on ne croie pas qu'il y ait exagération : avenue Michelet, un groupe d'Anglais est momentanément arrêté par un convoi allemand. Les Anglais aperçoivent sur une brouette quelques choux-navets qu'une femme vient de déplanter; ils lui font signe et elle leur lance aussitôt un de ses légumes; cette femme se dit sans doute : « Ça sera pour améliorer votre rata ou votre soupe.. » Mais vingt bras se disputent le légume et les Anglais le dévorent à pleines dents. Elle lance alors tous ses choux-navets qui subissent instantanément le sort du premier.

* * *

Le méchant individu qui règne à la Commandanture crie au scandale quand on aborde les prisonniers :

Il est absolument incorrect de voir, lors d'un transport de prisonniers, les civils s'approcher d'eux dans le but de leur glisser des vivres, du tabac, etc., ou bien de leur parler.

Les contraventions seront sévèrement réprimées et punies.

Signe : Schöttl.

Cet omnipotent personnage me fait appeler à diverses reprises et me dit tout son mécontentement.

Certain jour tout un quartier de la ville est en révolution; quelques soldats français nouvellement faits prisonniers traversent Cambrai; c'est un vrai délire; on chante la *Marseillaise* et l'on marche en colonne serrée derrière eux. Presque aussitôt on vient m'appeler : « On vous demande à la Commandanture. »

J'y vais et « j'encaisse » froidement, pour l'honneur de mes concitoyens, le plus beau boucan que l'on puisse imaginer.

Le 23 mai 1918 (extrait de mon carnet de notes), le gouverneur me parle du « scandale » de ce matin et se montre très irrité : « De jeunes ouvrières occupées dans une dépendance d'hôpital se sont précipitées vers un groupe de prisonniers anglais et portugais; elles ont manifesté, crié, chanté, distribué des vivres malgré la défense faite, etc. Un rapport a été envoyé à l'A. O. K. (quartier général de l'Armée), et la ville sera frappée d'une forte amende. »

Mais cette amende n'est jamais venue; je crois en connaître la raison : peu de jours après l'incident relaté ci-dessus, le 30 mai, un officier allemand, sans aucun motif, insulta grossièrement dans la rue Saint-Martin deux soldats français qui traversaient la ville, conduits par une patrouille allemande.

J'en fis l'observation immédiate au gouverneur, le priant d'intervenir sans retard afin que ce « scandale » qui avait douloureusement ému les concitoyens témoins de cette insulte, ne se renouvelle pas.

Il admit « l'incorrection » de son subordonné, et il estima sans doute que notre amende était suffisamment acquittée par le geste honteux de cet officier.

Cependant, quelques jours auparavant, alors que je revenais sur cette question de l'amende, il avait essayé de faire de l'esprit et m'avait répliqué :

— N'insistez pas, car comme dit la chanson : ce sera peine d'amour perdue; il vous faudra payer.

Ma « peine d'amour », comme celle de mes concitoyens, était pour mes frères malheureux qui souffraient tant d'une sévérité si excessive.

C'est pourquoi la municipalité avait depuis longtemps déjà abordé courageusement le problème, et obtenu un résultat positif tout à son honneur et à l'honneur du conseil municipal et de nombreux concitoyens. Elle avait organisé le secours aux prisonniers militaires. Cette œuvre eut des collaborateurs d'un dévouement inlassable. J'en veux citer deux : M. Bigerelle, ancien directeur de l'école nationale de musique, et M. Duvinage, ancien secrétaire général de la mairie. Nous finîmes par obtenir un arrangement avec le commandant allemand des prisonniers et l'autorisation de compléter le ravitaillement insuffisant et défectueux. Il fut convenu que la ville serait admise à s'intéresser au sort de ceux que la fatalité des combats avait fait tomber dans les griffes allemandes. Aussi, chaque jour, on conduisait dans la caserne des prisonniers, du pain, des légumes, des haricots secs, du riz, des vêtements, des douceurs, tout ce que nous pouvions réunir et trouver en ville malgré la pauvreté de notre ravitaillement. Des dames s'intéressèrent plus particulièrement à l'œuvre du vêtement. Des tombolas, quelques petites récréations intimes furent organisées au profit des prisonniers.

Pour donner une idée de l'importance de ces secours, je transcris ci-dessous l'allocution que je prononçai à l'occasion de l'une de ces fêtes intimes :

Mesdames,

Messieurs,

Chers jeunes gens,

Permettez-moi, avant de laisser procéder au tirage de la tombola, de féliciter bien cordialement les jeunes employés de la mairie et leurs camarades qui ont associé leurs efforts à ceux des personnes de cœur qui depuis longtemps déjà cherchent à porter aide et secours aux combattants français et alliés que la malchance des opérations de guerre a fait tomber entre les mains de l'ennemi.

Si nous soulignons ainsi l'activité patriotique de nos jeunes Cambrésiens pour les louer de leurs démarches, de leur travail et du succès de leurs efforts (en moins de quinze jours ils ont placé 3 800 billets de tombola), je n'ai garde d'oublier ces personnes de cœur dont je viens de parler ni les initiatives heureuses qu'elles ont prises dès le début de la guerre.

Certaines d'entre elles avaient obtenu l'autorisation de visiter les prisonniers militaires et de leur porter quelques douceurs, mais les changements fréquents opérés dans le commandement allemand, et souvent les rigueurs de celui-ci, ne nous permettaient de rien organiser de stable et de défini.

Depuis un an M. le Secrétaire général de la mairie a pu faire entrer dans le camp des prisonniers des suppléments de nourriture, des douceurs, des vêtements.

Le conseil municipal a voté tout ce qu'on lui demandait pour secourir les nôtres et la municipalité a la tâche agréable de coordonner les efforts. Elle a pu constituer un comité actif de secours aux prisonniers, qu'elle guide et qu'elle aide. Ce comité comprend les personnes suivantes : Mme Ramette, dont nous avons malheureusement à déplorer l'éloignement de Cambrai, puisqu'il y a quelques jours elle accompagnait M. Ramette dans son exil au Quesnoy ; Mme Alfred Parent, Mme Farez, Mme Pourpoint, dont le mari vient, lui aussi, d'être appelé à payer sa dette à la patrie, ayant été emprisonné en Allemagne ; la Société de secours aux blessés militaires dont M. Ch. Pagniez est le dévoué président.

En dehors de ce comité, il existe des initiatives louables ; ce sont celles, entre beaucoup d'autres, de Mme Jourdan, directrice du collège Fénelon. Mme Jourdan a, la première, organisé une tombola avec le concours de ses élèves et de son personnel enseignant, et cette tombola a obtenu un succès magnifique puisqu'elle a rapporté la somme de 1 500 francs en quelques jours seulement.

Je veux signaler aussi le « Tronc du biscuit américain » au magasin de vente des denrées, dont le produit a dépassé les prévisions les plus optimistes.

Et pour vous donner la preuve que les sommes recueillies sont bien utilisées, je vais vous citer quelques chiffres intéressants :

Détail des vêtements, linge, objets divers, fournis aux prisonniers de guerre français et anglais internés à la citadelle au cours des dernières semaines (depuis la constitution du comité de secours) :

2 045 chemises ;
1 337 chandails, flanelles, maillots et tricots ;
831 caleçons ;
1 354 paires de chaussettes ;
1 117 calots et casquettes ;
1 531 serviettes et essuie-mains ;
51 paires de chaussures ;
6 draps ;
653 cravates, cache-nez, tours de cou ;
930 mouchoirs ;
169 capotes ;
6 pantalons, etc., etc., etc.
660 cigares ;
2 219 paquets de tabac ;
1 163 paquets de cigarettes ;
242 boîtes d'allumettes ;
15 kilog. de gâteaux ;
1 171 gâteaux divers.

En outre, une grande quantité d'objets de toilette et de cuisine (savon, brosses à dents, peignes, rasoirs, ciseaux, assiettes, bols, verres, cuillers, fourchettes, etc., etc.).

Et notez que tous ces objets, tous ces vêtements étaient réclamés depuis longtemps par les Allemands eux-mêmes pour les besoins de leurs soldats, en vertu d'ordres rigoureux de réquisition!!!

Ce matin, à l'occasion de Pâques, et pour que nos chers prisonniers ne se sentent pas oubliés par ceux qui sont sous la férule allemande, il a été distribué aux prisonniers français et anglais :

500 paquets de tabac;
500 cahiers de papier à cigarettes;
137 chemises;
144 caleçons;
96 flanelles;
120 calots;
103 paires de chaussettes;
242 mouchoirs;
107 ceintures de laine;
83 cache-cols.

Je suis ému, plus que je ne pourrais le dire, en vous citant ces chiffres, parce que certains de ces objets sont de première nécessité pour de braves gens qui s'en dessaisissent cependant avec joie, car ils ont entendu parler de la détresse de nos prisonniers militaires. Je leur en exprime toute ma reconnaissance.

La ville, enfin! est autorisée à remettre une ration supplémentaire de pain aux Français et Anglais pour augmenter la minime ration accordée par l'autorité allemande; d'autre part, nous allons ouvrir une cantine à la citadelle.

Nous voudrions faire profiter les prisonniers russes de ces diverses faveurs; les pourparlers continuent à ce sujet avec les Allemands.

La remise des vêtements, nourriture, douceurs, se fait généralement à la citadelle par notre intermédiaire; nous possédons les reçus signés par un officier allemand avec l'attestation d'un sous-officier français ou allié.

Nous avons de nombreuses attestations et remerciements de nos prisonniers. Sur une feuille de papier ils ne peuvent pas dire grand'-chose, car la censure s'exerce sur leurs écrits; mais lorsqu'on a l'occasion rare de leur parler, ils ne savent comment exprimer leur joie et leur gratitude pour une ville qu'ils savent aux prises avec les si dures nécessités de l'existence.

Dernièrement, une corvée de prisonniers italiens venait chercher du pain à la mairie, et le sous-officier italien servant d'interprète trouvait le moyen de me dire cette simple phrase combien émouvante :

« Monsieur, vous nous avez sauvé la vie. »

Le conseil municipal et le comité de ravitaillement sont pleins de sollicitude pour cette œuvre de secours; leurs membres s'ingénient à trouver les moyens de venir en aide à nos chers prisonniers. Je leur adresse un chaleureux merci.

Merci aux jeunes gens qui nous réunissent aujourd'hui entre Français animés d'un même zèle et d'une même foi dans notre idéal.

Bon courage aux imitateurs, et merci encore

aux organisateurs et aux agents directs de cette œuvre de bienfaisance patriotique. »

Cette narration dépeint suffisamment le caractère de profonde sollicitude qui présidait à l'activité de la population de Cambrai en faveur des prisonniers militaires. Cette population est heureuse d'avoir pu concourir, malgré sa propre misère, au soulagement de tant d'infortunes.

LE NOUVEAU CIMETIÈRE MILITAIRE

Les Allemands prirent d'abord dans le cimetière de « la Porte de Paris » la plus grande partie de ce qui restait de terrain disponible pour y enterrer leurs morts. Mais bientôt, lorsque furent placés 2 500 cercueils, ils réclamèrent à la ville un autre emplacement en vue de la création d'un second cimetière militaire. Après des tractations assez difficiles avec l'administration municipale, un vaste terrain situé à l'extrémité de la rue de Solesmes leur fut désigné. Ils se mirent aussitôt à l'œuvre : ils tracèrent des allées, firent des clôtures et commencèrent leurs inhumations. Mais il n'y avait pas que leurs morts; il y avait aussi les nôtres et ceux de nos alliés que nous rêvions de placer dans la partie voisine du cimetière civil projeté, de sorte qu'il eût été possible, par la suite, de réunir dans une même enceinte nos tombes militaires et civiles. Nos projets furent malheureusement déjoués. Bien mieux, sans doute afin d'empêcher toute désaffectation ultérieure, nos contradicteurs eurent soin d'alterner, dans les mêmes allées, leurs tombes d'officiers avec celles des officiers français et alliés qui succombaient dans leurs ambulances.

Bref, les Allemands se passent tout à fait de notre concours en commandant eux-mêmes un personnel qu'ils ont recruté; et, après plusieurs tentatives d'intervention, nous jugeons inutile d'insister.

Sans nous consulter, ils construisent un monument en béton armé digne de leur génie architectural, dont le moins qu'on puisse dire est qu'il est « kolossal ». Une observation de notre part nous amène cette riposte : « Vous n'avez aucune compétence en la matière !! »

Le monument est maintenant érigé. Nos ennemis songent à son inauguration ainsi qu'à la remise à la ville de leur nouveau cimetière.

Je me rappelle justement, qu'en novembre 1915 j'ai dû assister à l'inauguration de la nécropole militaire de « la Porte de Paris », au milieu d'un grand concours de militaires de tous grades, et aussi de collègues du conseil qui n'avaient pas voulu m'abandonner en cette occurrence, ce dont je leur suis profondément reconnaissant, car j'estimais très humiliante l'obligation d'assister officiellement à une cérémonie organisée par nos ennemis.

Le gouverneur de l'époque, dont j'ai déjà tant parlé, général Schöttl, me glissa un jour une feuille de papier en me disant :

— Voilà le texte du discours que vous prononcerez le jour de l'inauguration.

En voilà une prétention ! Il ne fut pas facile de persuader le gouverneur que ce n'était pas ainsi que j'entendais préparer ce que j'avais à dire. J'eus plus de mal encore quand j'insérai dans mon texte une phrase parlant des mérites du « Souvenir Français ». Ces deux mots l'exaspérèrent :

— Je ne les accepte pas, me dit-il, le Souvenir Français nous a fait trop de mal à Metz pour que j'y consente.

Et moi de penser : « Raison de plus pour que ça y soit. » J'eus finalement gain de cause. Le vénérable M. Suinot, intendant général en retraite, président du Souvenir Français, qui s'occupait avec tant de sollicitude et de dévouement aux nos tombes militaires m'en remercia en termes ému.

Nous sommes maintenant en septembre 1917.

Cette fois le colonel Gloss, gouverneur, s'y prend d'une autre manière. Il a appris, en étudiant l'histoire locale, les divers épisodes de la bataille de Malplaquet, et il me dit que ce qui l'a frappé c'est la générosité dont firent preuve, en cette occasion, les Cambrésiens vis-à-vis de leurs ennemis blessés amenés en grand nombre dans leur ville. Il est très heureux, ajoute-t-il, de connaître cet épisode qu'il saura évoquer dans son discours de remise du nouveau cimetière à la ville.

Mais voyez la fausseté allemande! En parlant ainsi il cherche vraisemblablement à endormir notre vigilance et il feint d'ignorer ce qui se passe ici même, dans sa propre Commandanture, à l'instant où il parle.

Les Allemands réquisitionnent avec plus d'ardeur que jamais tout ce qui est métal utilisable pour leur fabrication de matériel de guerre et de munitions. Un envoyé de la Commandanture est allé dans nos cimetières civils gratter avec un outil les statuettes, les vases et grilles ornant nos tombes pour reconnaître les objets pouvant être enlevés.

Grand émoi de la municipalité et de l'archevêché, car nous savons les Allemands capables de tout. Tous nos monuments publics ont été jetés bas sans prévenance; les grilles des maisons et jardins sont en partie démontées et enlevées. Si nous n'intervenons pas rapidement, le scandale nouveau pourra être consommé.

Dans son livre *Mon copie de lettres*, Mgr l'archevêque rappelle le langage qu'il tint à ce propos aux Allemands. De mon côté j'interviens d'une façon pressante, mais à toutes mes questions on répond : « C'est un ordre de l'autorité supérieure! » Et le gouverneur va me parler de Malplaquet et invoquer à nouveau la générosité de mes concitoyens en faveur du cimetière qu'il a créé!!! Je lui présente alors le texte de mon discours d'inauguration dans lequel je déclare tout net que notre garantie jouera dans la mesure où la leur saura s'exercer dans la sauvegarde de nos cimetières civils.

J'ai touché juste, car le colonel, très gêné, comprend enfin le vilain rôle qu'il jouait et me dit :

— Pour répondre à votre préoccupation, je déclare formellement que je donne cette garantie de sauvegarde de vos cimetières civils; je vous autorise à le déclarer en ville à tous vos concitoyens.

Mais de graves événements viennent de se passer, et l'on ne songe plus à l'inauguration du cimetière qui va recevoir quelque deux mille Allemands de plus.

Les Anglais ont tenté leur marche en avant sur Cambrai; nous devenons ligne de feu ; des cadavres allemands entassés dans des charrettes arrivent chaque jour de Cantaing, de Bourlon, de Masnières. La Commandanture affolée déménage rapidement. Le gouverneur tient cependant à sauver les apparences pour ce qui le concerne, et pour masquer sa fuite il se fait octroyer un congé de convalescence dans un sanatorium d'officiers.

L'avance anglaise ne s'affirme plus, et le gouverneur guérit malheureusement. Aussi la Commandanture se réinstalle et va nous tenir sous son joug encore de longs mois. Pendant ce temps l'ennemi préparera sa grande offensive de mars 1918, « la finale », disent-ils, et leurs billets de logement seront distribués pour Amiens. Mais ces billets resteront dans leurs poches, et désormais les événements leur seront contraires.

Il faudra donc déguerpir un jour, et l'on doit songer à nouveau à « confier » le cime tière à la ville.

*
* *

Cette cérémonie eut lieu le dimanche 11 août 1918, par un ciel admirable.

Nous arrivons au cimetière un peu en avance sur l'heure indiquée; un officier s'avance et déclare que sans tarder (nous verrons pourquoi), la cérémonie va commencer.

De nombreux officiers et soldats y assistent. Les maires dont les communes sont comprises dans la Commandanture de Cambrai (une cinquantaine) et les notabilités de la ville, ont été priés par un avis du gouverneur d'assister à cette remise officielle du cimetière militaire à la ville de Cambrai. Le général N..., inspecteur d'étape, de Valenciennes, se trouve en avant des officiers.

Des chants religieux sont entonnés par des soldats. Puis on entend la série des discours : prêtre allemand, pasteur allemand; réponse du prêtre français. Discours du gouverneur, et réception du cimetière par le délégué de la ville. Des salves de mousqueterie et d'une batterie de 77 clôturent cette cérémonie pendant que les Allemands déposent une couronne au pied du monument élevé en l'honneur de leurs soldats, et que nous-mêmes faisons le même geste au pied du monument surmonté d'un casque français.

Nous aurions pu à ce moment nous demander si les Anglais, entendant les salves allemandes, ne voulaient point participer à leur manière à l'inauguration de la nécropole allemande. Toujours est-il qu'au moment précis où les couronnes étaient déposées, une escadrille parut au-dessus de la ville; pan, pan, pan, les bombes tombent avec un fracas qui résonne jusqu'à l'extrémité de la rue de Solesmes. Voilà pourquoi on était si pressé tout à l'heure de commencer la cérémonie; les avions avaient sans doute été annoncés par le service de reconnaissance.

C'est alors le sauve-qui-peut, la débandade des habits gris. Tous se sentent visés. Le général inspecteur prend le petit trot dans le cimetière et se dirige vers son auto. Il y prend place en hâte, et son chauffeur s'apprête à partir en quatrième vitesse pour Valenciennes. Mais le général aperçoit le groupe de civils qui, tout tranquillement, très dignement, se dirige lui aussi vers la porte de sortie. Une sorte de honte le saisit, il descend :

— Monsieur le bourgmestre, je vous salue, et je compte sur la ville pour la sauvegarde de ce cimetière.

Ayant dit, il décampe.

Nous ne supposions pas alors que cette attitude et cette hâte à déguerpir étaient symboliques. Nous ne nous savions pas si près déjà du 11 novembre.

L'ÉVACUATION DE CAMBRAI

LE PILLAGE PAR LA SOLDATESQUE ET PAR LES OFFICIERS. DERNIERS CONTACTS AVEC LA COMMANDANTURE DE CAMBRAI.

6-12 septembre 1918.

Plusieurs volumes seraient nécessaires pour narrer ce drame que fut la mise brutale de la paisible population hors de la ville, et pour raconter toutes les souffrances qui en découlèrent. Dans ces courtes pages il n'est donc possible que de donner des impressions d'ensemble.

L'évacuation de la ville fut pour nous tout à fait imprévue. L'année précédente il en avait bien été question ; mais la municipalité et la commission des notables avaient protesté, et les Allemands avaient déclaré finalement qu'ils laisseraient les habitants chez eux. Par mesure de précaution, le conseil municipal, pour le cas où l'ennemi nous aurait quand même contraints dans la suite à quitter nos demeures, avait élaboré une sorte de règlement qui donnait des instructions précises à un certain nombre de personnalités chargées de renseigner et de guider la population dans de telles éventualités.

Quand l'ordre brutal du 5 septembre 1918 nous parvint, de bons citoyens vinrent offrir immédiatement leur concours à la municipalité, mais il faut dire aussi, hélas! qu'en face d'un ordre d'évacuation qui atteignait le tiers de la ville dans la première journée, chacun devait songer à soi et à ses proches, et ce fut fatalement la municipalité et quelques collègues qui eurent seuls à assurer tous les services, tout en cherchant à alléger le fardeau qui pesait sur la pauvre population.

Dès que je sus que la chose était décidée, je me précipitai chez le gouverneur; il était absent, et pour cause, n'en doutons pas! Le major de place avait reçu des instructions pour agir en son lieu et place. Celui-ci me déclare que des instructions formelles viennent de haut, que protester ou non, pour eux c'est la même chose; la ville doit être vide de ses habitants dans trois jours et ceux qui refuseront de s'en aller seront jetés hors de chez eux par des patrouilles qui ont reçu des ordres précis :

— C'est donc votre intérêt et celui de vos concitoyens, que vous coopériez avec nous dans l'exécution de cette mesure.

Devant des paroles aussi poignantes, devant des menaces aussi cruelles, je demeure tout atterré et je ne puis cacher mon émotion... Mais il faut se défendre... et, rassemblant toute mon énergie, je proteste contre cet acte odieux et essaie d'apitoyer ce bourreau de mes concitoyens.

Je dis mon angoisse, notre angoisse à tous, Cambrésiens, je dis que cette mesure est monstrueuse, contraire aux lois de l'humanité et que je n'en vois nullement la nécessité, que si les Anglais bombardent la ville, ce ne pourra être plus terrible qu'en novembre 1917, que les caves de la ville sont nombreuses et solides et peuvent parfaitement abriter la population, et que si l'on ne veut pas m'entendre je vais envoyer une protestation au haut commandement. « Nous n'enverrons pas votre protestation, me fut-il répondu ; inutile de discuter ; l'ordre vient du grand quartier général ; nous sommes munis de pouvoirs discrétionnaires et si vous ne voulez pas coopérer à l'exécution de l'ordre, nous nous passerons de vous, mais votre population souffrira davantage. »

Cette « coopération » que l'on me demandait consistait uniquement en ceci : faire peur à la population, la presser d'activer le mouvement de manière à ce qu'au bout de trois jours la ville fût absolument vide !...'

Hélas ! à quoi cela sert-il de parler de droits de l'humanité, de parler de justice, de pitié à un ennemi dont le cœur est plus dur que la pierre, à un ennemi qui reste insensible et hautain devant un crime aussi abominable !

C'était un ordre, l'ordre était formel, il n'y avait rien à tenter. L'ennemi voulait l'évacuation de Cambrai, il l'a eue ; il a jeté odieusement femmes, enfants, vieillards, malades sur la route d'exil...

Mais j'ai conscience d'avoir défendu ma ville, d'avoir défendu mes concitoyens que j'aimais de toute mon affection.

La terrifiante nouvelle se répand lourdement sur la cité, glaçant les cœurs, stupéfiant les cerveaux. Tout d'abord, on se refuse à y croire : un malheur si grand est impossible; des épreuves aussi terribles ne peuvent s'abattre sur des hommes, elles appellent un miracle. D'où viendra-t-il?

Il ne vient pas. La fatalité s'impose. Il ne faut rien attendre du sort. Oui, il faut quitter sa maison, l'abandonner au pillage pour partir vers le noir inconnu.

Les officiers et soldats se chargent de propager la peur. Le gouverneur de la ville revient alors à Cambrai et par des démarches réitérées auprès de la municipalité il insiste pour que l'évacuation soit plus rapide encore. Il vient voir fréquemment ce qui se passe à l'hôtel de ville et chaque fois c'est pour dire (phrase unique qu'il répétera cent fois durant les trois jours) :

— Il faut que la population se dépêche de partir; il y a grave danger pour elle à s'attarder; il faut qu'elle parte tout de suite vers le nord, il y a urgence.

— Tout de même, lui dis-je, nous n'avons pas peur des Anglais, et nous avons nos caves.

— Ça ne fait rien, c'est un ordre supérieur, partez vite vers le nord... partez par vos propres moyens...

Oh! cruelle épreuve!...

Partir! où? comment? Aucun moyen de transport disponible. C'est la consternation générale.

L'ennemi nous répète froidement :

— Débrouillez-vous, le temps presse, à telle heure, tel et tel quartiers doivent être partis.

Oh! quelle souffrance de se sentir impuissant auprès de ces monstres!

La route Rieux-Valenciennes-Vicq nous est indiquée. On parle de trains, de bateaux, de voitures qui seront mis à la disposition des habitants. On espère et l'on désespère d'une minute à l'autre. On croit trouver un arrangement... mais on est vite déçu.

J'ai la douleur d'assister à des scènes larmoyantes de pauvres vieux et de pauvres vieilles venant se jeter à mes genoux et suppliant :

— Monsieur, vous n'allez pas nous abandonner et nous laisser partir ainsi.

Je voudrais soulager d'un seul coup ces malheureux. Je pleure de les voir dans une telle détresse et je les encourage de mon mieux en leur donnant quelques conseils, et ils repartent plus forts.

Et déjà des patrouilles pénètrent dans les

maisons et mettent les gens dans la rue...

La municipalité fait de grands efforts pour avoir des moyens de locomotion. Mais l'ennemi semble se réjouir de nos souffrances et ne se presse pas de nous donner satisfaction. Pourtant quelques trains formés de wagons à bestiaux nous sont accordés, mais ils ne peuvent servir qu'à empiler les habitants avec peu ou pas de bagages.

Par nos interventions répétées nous finissons par obtenir quelques voitures pour conduire les malades en gare de Rieux, à 10 kilomètres de Cambrai.

Les infirmières et tous les services d'hôpital s'en vont, eux, par bateaux.

Quelques personnes fortunées ont trouvé des auto-camions que les chauffeurs allemands font payer 1 000 marks! pour un voyage d'une trentaine de kilomètres; mais la grande majorité des habitants, hélas! n'a que ses jambes et quelques brouettes ou voitures à bras, très rares d'ailleurs, ces dernières ayant été réquisitionnées depuis longtemps, ou quelques poussettes trop légères fabriquées à la hâte avec des roues trop petites ou des caisses trop fragiles.

Et puis, il fallait faire ses paquets, ses préparatifs de départ. Comment s'y prendre? Emporter quoi? On n'a droit, paraît-il, qu'à environ 25 kilogrammes. On empile du linge dans un sac, on fait un paquet, on le défait, on retire un objet pour en remettre un autre qui semble plus utile ou auquel on tient davantage... et puis, quand tout est bien tassé, oh! malheur, le paquet est trop lourd! Jamais la petite poussette ne pourra supporter un tel fardeau! Jamais les jambes épuisées de fatigue par une longue marche ne pourront remorquer une telle charge! Angoisse. Désespoir... Hélas! on voudrait se sauver avec tout son bien.

Tout homme a connu la douleur de l'éloignement d'un foyer, et a compris, seulement par leur rupture, la force des liens qui l'y attachent. Du moins, jusqu'à ces temps, les affections des cœurs et les choses chères restaient en place, et leur chère image facilement évoquée au loin faisait revivre la vie sainte de la famille, vie toujours retrouvable. Mais aujourd'hui, laisser sa maison sans garde, songer que tous les objets aimés, tous les souvenirs des diverses étapes de l'existence intime vont être saccagés, souillés, dispersés, voilà la torture sans nom!

Mieux vaudrait tout détruire soi-même que d'envisager un tel sacrilège.

Les uns cassent leur vaisselle, les autres jettent le ravitaillement qu'ils ne peuvent emporter..., c'est autant que les Boches n'auront pas !...

Enfin les paquets sont faits tant bien que mal, la famille est prête, c'est l'heure du départ. Terrible épreuve.

Adieu chère maison, adieu objets aimés, nous vous quittons peut-être pour toujours. Nous partons pauvres, sans but, et peut-être trouverons-nous la mort en chemin ! Adieu pauvre ville déjà tant meurtrie, l'ennemi nous chasse, il veut nous voir loin d'ici. Mais nous espérons que notre sacrifice servira au bien de notre patrie.

Les derniers récalcitrants se décident à partir.

Le vénérable M. C... tente de se mettre en route, mais vieux, épuisé physiquement et moralement, il tombe dans la rue. Un passant offre son aide. M. C... répond :

— Qu'on me fusille !

On l'emporte de force.

Des malades refusent de quitter leur lit. Plusieurs sont laissés seuls.

Déjà l'exode commence. De tous les quartiers affluent des défilés lamentables de familles groupées autour de misérables véhicules.

L'homme s'est placé entre les brancards; les autres, même les enfants, s'arc-boutent pour pousser de l'avant.

Les visages sont figés. Il faut avoir vu ces malheureux au départ, devant leur porte, leurs derniers regards en arrière, puis leur volonté tendue pour ne pas, quelques mètres plus loin, se retourner une fois encore afin de ne pas voir le sacrilège qui s'accomplit derrière eux : des Allemands guettant cette minute, brisant portes et volets et se ruant à la curée.

Le sacrifice est consommé : désormais toutes les énergies s'angoissent vers l'est.

La longue théorie des malheureux est sliencieuse. Pas une plainte, rien qu'une morne résignation. Lugubre cortège de désespoirs et de deuils, sans terre promise !

J'ai assisté au départ de tous ces malheureux; j'ai gémi de mon impuissance et de l'inutilité de mes efforts. Mais j'ai été réconforté en lisant la confiance dans tous les regards. « C'est que nos affaires vont bien, se disait-on, puisque nos bourreaux ont si peur. Courage, courage donc! »

*
* *

Le premier jour était ensoleillé et aida nombre de Cambrésiens à partir d'un pied assez vaillant. Mais, hélas! la pluie vint, et le vent et le froid; et pas d'abris préparés, et pas de nourriture chaude; on s'assoit sur le bord de la route, n'en pouvant plus, le soir on couche sur la paille, et c'est alors que le calvaire commence; la grippe et la mort furent au bout. Les malades restèrent sur les chemins; on retrouva des enfants morts dans les champs.

Cette sinistre randonnée sur les routes de France et de Belgique nous coûta la perte du dixième de la population. Ceux qui étaient partis valides étaient atteints comme les autres.

Un conseiller municipal d'un village voisin de Cambrai, avec lequel je m'entretenais plus tard à Valenciennes, me dit :

— Il y a huit jours j'ai vu partir de mon village vingt jeunes gens et jeunes filles expulsés avec le restant des habitants, pleins d'entrain et l'espoir au cœur; ils ont trop marché, se sont fatigués; ils ont eu froid; la grippe aidant, douze déjà sont décédés.

A Valenciennes, la Commandanture locale accorda à nos évacués de Cambrai un repos de deux jours chez l'habitant; l'ordre vint de continuer la route à l'expiration des deux jours.

Comme je me trouvais toujours à Cambrai, la municipalité de Valenciennes, avec beaucoup de dévouement, s'occupa de nos concitoyens afin d'adoucir leurs souffrances, mais elle fut impuissante à retarder ce départ.

Voici ce que M. l'adjoint au maire de Valenciennes me conta quelques jours après : un voyou galonné, « oberleutnant », ordonnait le départ des colonnes sous une pluie torrentielle; lui se tenait à l'abri; personne ne trouvait grâce devant cet arrogant personnage. Comme le tramway de la route de Mons fonctionnait encore et aurait pu alléger de quelques kilomètres le chemin qui sépare Valenciennes de la Belgique, certains évacués tâchaient de s'y faire admettre. Une femme malheureuse, fatiguée, flanquée de deux petits enfants, se cramponnait au marchepied de la voiture. Le galonné la saisit avec la brutalité la plus révoltante et pour la punir la lança et la fit asseoir dans le ruisseau de la route où courait un impétueux fleuve de boue... Cet officier, lieutenant de service au bureau des passeports, était fort connu à Valenciennes pour sa cruauté à l'égard des faibles.

Or, au moment de l'évacuation de Valenciennes, le journal *la Belgique*, n° 1415, daté du 25 octobre 1918, portait un article contenant la phrase suivante :

> L'exode des habitants de Valenciennes et de Cambrai s'est fait d'accord avec la collaboration des maires, qui ont confirmé par écrit au commandement supérieur de l'armée allemande que tout a été fait par lui pour atténuer les souffrances indicibles des réfugiés.

Mensonges infâmes, bien dignes d'un ennemi sans conscience ! Comment ! oser clamer dans les journaux qu'ils ont essayé de nous soulager en quoi que ce soit ! Ils n'en ont même pas eu l'intention ! Par cela même ils sont doublement criminels. Et ces prétendues attestations des maires et bourgmestres de

France et de Belgique ne sont que d'odieuses calomnies.

Des réfugiés ont trouvé, il est vrai, de la part de quelques soldats allemands, une aide tout à fait isolée et exceptionnelle moyennant souvent une grosse somme d'argent. Mais rien, rien n'a été organisé par les chefs pour épargner de la fatigue aux pauvres populations et pour atténuer leurs souffrances.

A Cambrai, les Allemands ne permirent pas à la municipalité, MM. Demolon et Garin, ni à un certain nombre de personnalités parmi lesquelles figuraient Mgr l'archevêque et M. Gassan, principal du collège de garçons, de quitter Cambrai en même temps que la population. La police municipale et les pompiers étaient également retenus à Cambrai. J'avais demandé au gouverneur de me laisser libre de parcourir les villages suivis par les colonnes d'évacués pour y organiser les secours ainsi que les départs aux endroits d'embarquement. Peine perdue; les Allemands ayant peur de tout, même d'une population inoffensive, il leur fallait conserver près d'eux quelques otages comme garantie complémentaire.

Il nous fut donc donné de contempler les tristes résultats du pillage de la ville par des soldats et des officiers en démence.

Ce sont des faits déjà bien connus de tous; je me contenterai d'en rapporter quelques-uns; ils me sont personnels, mais ils montreront comment les pillards essayaient d'agir pour leur propre compte.

Ma famille et moi nous étions réfugiés avec quelques amis dans une maison au centre de la ville, l'isolement pouvant dans ces circonstances être fatal en face d'une horde bestiale livrée à elle-même et de plus encouragée par ses chefs. Mais quoique réunis il nous fallut défendre notre bien de la cave au grenier.

On entend du bruit en haut; on monte et l'on trouve un Boche ayant passé par la lucarne du grenier, qui mettait tranquillement dans un sac ce qu'il trouvait d'intéressant pour lui. Nos cris et nos menaces le font fuir par le toit crevé par une bombe.

On descend, et l'on entend cette fois remuer dans une pièce du rez-de-chaussée; c'est un autre Boche qui a passé par la fenêtre et qui vide à son profit ma valise prête pour le départ. Vite on accourt, on saisit le délinquant par les épaules, on le fouille et on retire de ses poches et de son sac le contenu de ma valise. Vous croyez le Boche brave? Celui-ci, vert de frayeur, n'a pas demandé son reste et s'enfuit à toutes jambes!...

On se croit enfin tranquille; nouvelle alerte : un craquement formidable nous fait tressaillir; les planches de l'une de nos fenêtres volent en l'air (car depuis longtemps les bombardements ont réduit nos vitres en miettes) et un officier, le poing en avant, bondit chez nous. C'est trop fort, nous crions contre le malotru; ce n'était pas un, mais trois officiers, qui voulaient pénétrer dans la maison. Aux menaces que nous leur adressons, ils sautent dans une auto et se sauvent, « comme des voleurs » qu'ils sont, sous nos moqueries : « Ah! qu'elle est belle, l'armée allemande! Ah! qu'ils sont nobles, les officiers allemands!... » Je prends le numéro de l'auto et je vais à l'hôtel de ville trouver le juge de guerre Baldauf dont le tribunal siège à dix mètres sous terre, dans la cave la plus profonde. Je dépose une plainte contre les trois officiers et je demande la punition des coupables. Le juge promet de poursuivre l'affaire tout en me déclarant qu'il lui sera bien difficile de condamner ses pairs. Je m'en doutais bien.

Et c'est toujours, jusqu'au départ de Cambrai, une alerte perpétuelle.

*
* *

Il y a le pillage individuel, avec ou sans auto. Il y a aussi le pillage officiel, fort bien organisé, avec autos. Mais rien ne les distingue : même cupidité, même cynisme.

Sur la grand'place et dans les artères qui y débouchent, des centaines de véhicules, camions, autos de luxe, sont rangés le long des trottoirs.

Les portes et fenêtres sont éventrées. Posément, froidement, les soldats bousculent les mobiliers, font la chasse aux objets précieux, s'acharnent aux tiroirs intimes, dispersent des papiers de famille, déchirent des photographies, arrachent des rideaux, découpent des tapisseries et des peintures, s'ingénient à la recherche des cachettes, et jettent par les fenêtres tout ce qui ne leur convient pas. Trouvent-ils du ravitaillement, ils s'en emparent avec avidité et ils l'empilent dans leurs sacs.

Quel spectacle lamentable que celui de nos rues ; les maisons sont pour ainsi dire vidées sur les chaussées. Oh! pauvre ville... Et sur cette misère il nous faut voir de sinistres individus, soldats allemands ou officiers, qui veulent faire de l'esprit et se promènent en chapeau haut de forme et ombrelle verte!...

Il en est qui découvrent des provisions de vin ayant échappé à la perspicacité des policiers. Alors leurs instincts se satisfont. Les soudards vont vite; un instant suffit pour les rendre complètement ivres. Dans la rue des Capucins, des bandes nombreuses titubent, roulent à terre, gardant pourtant la force de joindre avec leurs lèvres les goulots des bouteilles emportées. Ils sont maintenant ivres-morts. D'autres, le nez cramoisi, bavant d'ivresse, dansent sur d'énormes tonneaux qu'ils transportent dans une grande voiture.

Cependant les officiers qui passent se méfient de la haine qui pourrait s'éveiller au fond de la lourde ivresse, et ils tiennent le revolver en main. Car il y a aussi des officiers qui pillent. Eux aussi sont muets sous leur infamie. Leur crânerie a disparu, et, lorsqu'ils se rencontrent, ils évitent de se regarder pour ne pas affecter, en échangeant des saluts, de se reconnaître encore quelque dignité.

Pillage honteux, scandaleux, dépassant toute imagination.

A mesure que la ville est désertée, le silence lugubre envahit les rues. Avec leurs portes et leurs devantures arrachées, les maisons semblent souffrir de leur vie éteinte et des sacrilèges qu'elles subirent. Leur âme dispersée au loin, elles se regardent avec des yeux morts.

Nos pas réveillent des échos qui semblent venir d'un autre monde. Nous voyons cependant, dans les intérieurs béants, des cambrioleurs silencieux. Nous les apostrophons. Ils s'arrêtent, regardent un instant, puis reprennent leur besogne.

Après les protestations que je dus faire entendre à la Commandanture contre l'évacuation que je jugeais, comme beaucoup de mes concitoyens, parfaitement inutile puisque finalement elle nous coûta beaucoup plus de morts que les obus ne nous en auraient fait, je dus aussi avec beaucoup de vigueur protester contre le pillage. J'exposai au gouverneur que cette action n'était pas digne de l'armée allemande, et je le mis en demeure de donner des ordres pour faire cesser ce scandale. Il le promit, mais ne fit rien. Toutefois, le lendemain, il me fit appeler et m'affirma qu'une patrouille ayant surpris un soldat occupé à voler dans une maison de la rue Watteau, ce soldat avait été tué sur-le-champ. Comme je n'eus aucune preuve de cet acte d'autorité de la Commandanture, je me permis d'en douter et de renouveler mes démarches.

Au surplus, un sujet suisse me confirma plus tard la responsabilité de la Commandanture dans le pillage. C'était le premier jour de l'évacuation. Se prévalant de sa qualité de Suisse pour obtenir des facilités de transport, il était entré dans le bureau du gouverneur au moment où celui-ci, causant à divers officiers, leur disait : « Alors c'est entendu, vous, avec vos hommes, vous pillez tel quartier, vous tel autre, » et ainsi de suite.

Le sujet suisse se garda bien de dire qu'il comprenait l'allemand.

Aujourd'hui, tout le monde sait que le pillage fut un ordre donné aux soldats allemands, que les enlèvements se firent méthodiquement, et qu'aussitôt les autorités civiles parties, les meubles, le linge, les bibliothèques, les archives furent chargés sur bateaux et sur camions pour l'Allemagne.

Rien d'étonnant alors que, malgré toutes les démarches faites par la municipalité, nous n'ayons pu obtenir de voitures et de camions pour évacuer!

Lorsque la ville fut à peu près vide d'habitants, nous nous aperçûmes que de pauvres gens, vieillards et malades, avaient été abandonnés dans certaines maisons. Les pompiers de la ville qui demeuraient encore à Cambrai, malgré les obus devenus menaçants, parcoururent tous les quartiers, allèrent jusque dans les faubourgs et s'employèrent à une besogne admirable pour laquelle nous leur devons un éloge tout particulier. Ils visitèrent les maisons, enlevèrent les morts qu'ils ensevelirent à la hâte; quant aux malades et moribonds, ils en retrouvèrent une centaine environ qu'ils transportèrent à la citadelle d'où ils furent conduits sur voitures jusqu'à Rieux où se préparait un embarquement.

Mais quand il fut question de faire partir le personnel municipal et la police restés par ordre et d'emporter des archives précieuses, ce fut une autre affaire.

Le major de place nous déclara qu'il n'avait pas de voitures et que nous devions nous en aller à pied.

C'était possible pour des gens valides, mais il y avait encore des vieillards et des enfants ; et puis, nos caisses d'archives auxquelles nous tenions tant, comment les emporter?

Nous dûmes parlementer trois jours sans résultat : que faire? Était-il possible de prendre enfants et vieillards dans nos bras? Nous n'aurions pas fait deux cents mètres, alors qu'il fallait faire un trajet de dix kilomètres pour arriver à la gare de Rieux!... Le gouverneur se dérobait. Le major de place ne disposait, affirmait-il avec force, d'aucune voiture. Il n'y avait plus de wagon ni de mécanicien en gare de Cambrai. Douloureux problème.

Comme nous étions inquiets, l'un de nos amis, aussi fin diplomate qu'habile traducteur de la pensée allemande, vient à nous d'un air radieux.

— Eurêka! nous dit-il: le moyen c'est de les prendre par la g.... Mais je vous préviens que vous devez faire tous un sacrifice. Parmi les quelques provisions que vous emportez, si quelques-uns de nous peuvent trouver du cacao, ils doivent abandonner chacun un peu de leur part. Avec cela, je les tiens.

Ah! chers lecteurs, si vous aviez vu le major de place, le « vaillant » rittmeister Pohl, l'avocat de Berlin, nous dire, pour 3 kgr. 500 de cacao :

— Je mets à votre disposition cinquante voitures, et nos gens seront polis. Mais surtout, ne dites rien au gouverneur : il garderait tout pour lui!...

Admirable fraternité d'armes! Vraiment le cacao devait coûter cher à Berlin!...

Mais notre départ le matin du 12 septembre 1918 fut mouvementé; des obus tombaient au centre de la ville. Aux pieds de Martin et Martine muets et comme glacés d'épouvante, nos voitures furent chargées. D'un regard plein d'une poignante tristesse nous leur fîmes un dernier adieu, puis les chevaux partirent au galop; les enfants juchés sur les caisses levaient les bras au ciel. De temps en temps un obus nous précédait ou nous suivait. Avenue de Valenciennes de gros arbres étaient tombés et des chevaux éventrés gisaient sur la chaussée. Spectacle sinistre! Ce ne fut qu'au delà du pont de la route de Naves que nous pûmes respirer. Et maintenant, au loin, on entendait distinctement la mitrailleuse.

Arrivés à Rieux, nous retrouvons une partie de nos concitoyens qui attendent depuis trois jours, parqués dans les fourgons du train, que le bon vouloir des Allemands ordonne le départ. Avec les cinquante voitures données par les Allemands, d'autres fugitifs de Cambrai arrivent dans la journée et complètent largement l'effectif du train.

Nous nous casons comme nous pouvons sur nos malles et paquets. Vers le soir le train s'ébranle enfin. Nous ignorons où il nous emmène, nous savons seulement que c'est en Belgique. Au milieu de la nuit nous stoppons en pleins champs; au matin nous apprenons que nous sommes à Vicq, à la gare frontière où se fait l'embarquement des autres évacués arrivés précédemment. Là encore, nouvel émoi parmi les hommes du convoi : « On passe l'inspection et les jeunes ne doivent pas partir... » Exception est faite pour les hommes mariés. Qu'à cela ne tienne! Je connais quelques jeunes gens qui trouvèrent tout de suite des épouses de circonstance. Les autres s'ingénient à tromper la surveillance des gendarmes allemands et y réussissent la plupart.

De nouveau le train va se mettre en branle, mais à ce moment un officier arrive réclamant le « maire » et de par ordre supérieur m'oblige à retourner à Valenciennes. Dans quel but? on ne peut le savoir. Avec un serrement de cœur, ma famille et moi nous nous séparons de nos amis des derniers jours, et tandis que MM. Garin, Gassan, Godchaux partent avec le service municipal dans la direction de Liége, nous cherchons avec l'aide du maire de Vicq, le moyen de nous rendre à Valenciennes. Nous y fûmes reçus par une municipalité obligeante et j'y retrouvai un autre service parti précédemment de Cambrai : celui de la recette municipale avec ses archives, sous la garde de MM. Desjardin, Cardon et Pluvinage.

Mgr l'archevêque avec quelques ecclésiastiques, et les pompiers de la ville durent rester à Cambrai encore plusieurs jours, puis ils furent comme nous obligés de partir.

Dès lors, la grosse partie était engagée ; la ville était serrée de près par les Canadiens. Ceux-ci sous la conduite du général Loomis firent merveille et se conduisirent en braves en essuyant toutefois des pertes cruelles, car il nous fut affirmé que les pertes canadiennes, pour prendre Cambrai et les environs immédiats, furent en tués et blessés de vingt-deux mille hommes.

Les Allemands en se défendant se donnaient ainsi du répit pour enlever le restant des richesses de la ville de Cambrai. Puis, le dernier jour, comme couronnement de leur œuvre de mort, ils incendièrent méthodiquement les quartiers commerçants et consommèrent ainsi dans leur esprit la ruine de la cité glorieuse et martyre de Martin et de Martine.

Pendant ce temps l'exode de la population des villes et villages se poursuivait au loin.

Nous étions depuis presque un mois à Valenciennes, lorsque l'ordre d'évacuation de la ville nous fut donné.

Mes collègues étant partis avant moi, je

devais prendre sous ma garantie les cinquante-trois grandes caisses zinguées contenant les archives de la recette municipale. Elles comprenaient, outre la comptabilité, plus de trois millions de bons communaux timbrés prêts à mettre en circulation, de l'or, des registres du conseil municipal, tous les bons de réquisition allemande, soit un ensemble de plus de cinquante millions de francs.

Comme les Allemands avaient déjà essayé de nous cambrioler, nous jugeâmes opportun de mettre ces caisses dans un endroit éloigné du front, par conséquent moins exposé aux entreprises de la soldatesque.

Combien il me fut difficile d'arriver à mettre ces fameuses caisses à l'abri! Que de démarches pressantes ne me fallut-il pas faire! J'y parvins cependant. Les Allemands voulurent alors se faire délivrer un certificat de braves gens parce qu'ils consentaient à me transporter à Mons avec mes caisses précieuses. Je m'y refusai énergiquement, malgré l'intervention en personne du général allemand commandant le 18e corps d'armée.

— Alors, me dit son officier d'ordonnance,

si vous ne voulez pas témoigner par écrit que nous avons fait l'impossible pour adoucir les souffrances de votre population, si vous ne voulez pas témoigner, ce que nous vous demandons instamment : que l'évacuation de Cambrai était nécessaire, qu'il n'y a pas eu de pillage et que les obus de bombardement étaient anglais; si vous ne voulez pas faire cela, vous n'aurez pas les moyens de locomotion nécessaires pour aller conduire à Mons vos archives; et dans un geste de découragement : Oui, le monde entier nous en veut, partout nous ne sommes plus bons qu'à être bottés!

— Monsieur l'officier, vous me donnerez les camions que je sollicite, votre responsabilité sera allégée d'autant, mais vous n'aurez pas le certificat que vous demandez. Je mentirais si je me laissais aller à donner une telle attestation.

Dure discussion qui dura trois heures!

Le général se tenait en communication constante avec son officier d'ordonnance.

Je finis par avoir gain de cause, mais cet officier, qui parlait un français des plus purs et qui me paraissait être l'un des plus distingués que j'aie connus dans l'armée allemande, partit de cet entretien très accablé et découragé.

Le voyage de Valenciennes à Mons se fit le lendemain; j'emmenais avec moi toutes les caisses de la ville de Cambrai, et j'avais la satisfaction de ne rien laisser en arrière. Après l'armistice, le tout revint à Cambrai au complet sous mon escorte.

Ce long parcours de trente-neuf kilomètres séparant Valenciennes de Mons est gravé à toujours dans ma mémoire. Les évacués des villages voisins de Cambrai et ceux de Valenciennes continuaient l'exode des Français chassés de leurs maisons.

Tout le long de cette interminable route, la foule se traînait silencieuse, sous une pluie fine, sous un jour de mort. Imaginez une route toute droite, noire et boueuse, dans une plaine sans fin : le côté droit est occupé par une voie ferrée encombrée de wagons, sur toute sa longueur; le milieu de la route est réservé aux colonnes allemandes en recul : elles ont déjà défilé dix jours sans arrêt à cet endroit; le côté gauche est parcouru par des automobiles et des camions dans les deux sens; l'espace de 1 m. 50 de large, à peu près, compris entre la voie ferrée encombrée et les colonnes allemandes, sera pour les évacués. C'est dans cet étroit chemin qu'ils doivent marcher, sans discontinuité afin d'éviter les à-coups, les « accordéons » ; mais comme, à cause des colonnes allemandes et des auto-camions qui bousculent tout et éclaboussent tout, il faut quand même se garer souvent, il en résulte des arrêts et des marches forcées constants et c'est une fatigue immense pour ces pauvres gens. Les uns poussent devant eux une voiture d'enfant qui plie et va se briser parce qu'une vieille mère sans force a dû, tant bien que mal, y être hissée; les autres traînent leurs enfants, pauvres petits pataugeant dans la boue, épuisés, n'en pouvant plus, sales, noirs de boue, pâles de fatigue. Ici c'est une voiture à bras déjà surchargée de bagages tout en haut de laquelle sont perchés quelques vieillards et de tout jeunes enfants. Là, c'est une petite poussette contenant les objets les plus hétéroclites...

Une énergie farouche se lit sur les visages, mais c'est quand même une vision d'enfer de voir tant de souffrance, et cette vision nous a poursuivis pendant tout le trajet qui sépare les deux villes.

Nos bons et braves amis de Valenciennes, et ceux de Mons et de Belgique et de tous les villages traversés ont été magnifiques de générosité, de sacrifice et d'amour pour les évacués. On ne pourra jamais leur être assez reconnaissants pour tout ce qu'ils ont fait pour nous. Des milliers des nôtres, cependant, manquent à l'appel : ils ont gravi un rude calvaire pour la patrie, mais sans plainte et l'espérance au cœur parce qu'ils sentaient eux aussi, eux surtout, que la cause de la France était juste et gagnée.

***

Je revois sur la grand'place de Valenciennes un officier allemand, un aumônier allemand et une dame allemande contemplant ce défilé de Français chassés de chez eux et prenant des photographies. Je ne pus m'empêcher de m'approcher d'eux et de les regarder avec sévérité ; ils comprirent, baissèrent la tête et s'éloignèrent.

Un autre officier était stupéfait de tant de résignation et de courage de la part de tous ces malheureux exilés. Comme il s'en étonnait, une personnalité de Valenciennes répliquait :

— C'est que, monsieur, ces gens sentent, savent que la victoire est au bout.

Et l'autre de répondre :

— J'ai déjà constaté en effet que votre patriotisme, à vous Français, a des causes morales, il part du cœur; le nôtre est fait de raison et de discipline, mais au fond, je crois que c'est le vôtre qui est le meilleur.

COLLÈGUES ET COLLABORATEURS.

OTAGES.

Je ne puis clore ces pages sans dire la gratitude que j'éprouve et que nous éprouvons tous envers ceux de nos concitoyens et concitoyennes qui ont été au travail et à la peine pendant ces quatre longues années d'oppression et envers ceux qui ont subi la dure épreuve de l'exil, de l'emprisonnement ou de la déportation lointaine.

Cette dernière note sera brève et sèche. Je m'en excuse fort : au surplus, si je devais exposer les mérites de chacun, je devrais ajouter un volume à celui-ci et je risquerais parfois de rester au-dessous des hommages dus.

Ce volume sera écrit, je l'espère, mais par d'autres témoins qui raconteront eux-mêmes leur propre histoire.

C'est à cette fin que la Société d'émulation

de Cambrai a mis au concours différents ouvrages, relatant les souffrances des Cambrésiens pendant la guerre. Il est souhaitable, en effet, que nos épreuves durant l'occupation allemande soient rappelées et mises en lumière afin qu'elles ne tombent pas dans l'oubli. Par cette succession de récits on verra mieux à l'œuvre la méthode barbare de nos ennemis, méthode d'hier qui sera celle de demain si nous n'y prenons garde et si nous ne savons unir à une vigilance toujours en éveil un esprit de courage et de travail qui, donnant un nouvel essor à notre vie économique, rendra notre pays plus puissant devant toutes les éventualités.

On connaîtra mieux aussi la résistance, le dévouement, les sacrifices d'une population qui supporta, jour après jour, avec une noble fierté, un esclavage toujours plus opprimant, qui affronta dignement les dangers les plus menaçants, en un mot qui sut rester française jusqu'au bout : quelques-uns même allèrent jusqu'à accepter sans faiblir la palme du martyre.

Ce qui fit la force de notre population, c'est qu'elle eut au cœur pour la soutenir un seul grand amour : celui de ses enfants au péril se confondant avec celui de la patrie.

Parmi les personnes de mon entourage ayant collaboré à la tâche municipale pendant la période d'invasion, ma reconnaissance me fait citer :

M. Victor Ramette, premier adjoint au maire, exilé par l'ennemi, mort en Belgique sans avoir eu la consolation de revoir les siens.

M. E. Garin, qui fut mon collaborateur vénéré de la municipalité et fit preuve d'une activité chaque jour nouvelle.

Mes collègues du conseil municipal restés à Cambrai, dont chacun assuma une tâche spéciale :

MM. Desjardins, secrétaire des plus actifs du conseil municipal et de la commission municipale d'alimentation.

Vrasse, organisateur des fourneaux économiques et des soupes populaires.

Deligne, occupé à la commission d'alimentation et au « Souvenir Français ».

Pourpoint, Deltour, Falleur, assurèrent la direction si difficile du ravitaillement de la population.

Cardon-Duverger, occupé à la commission de la boulangerie.

Docteur DANCOURT, organisateur des cours d'apprentissage du temps de guerre.

DELCROIX, PAJOT, SAINSEAUX, CARON-BONNEL et TRIBOU (ces deux derniers décédés au cours de l'occupation); LAVALÉE (parti en France en 1917); ANIART et CHANTRAINE (partis en France en 1916), reçurent chacun de la municipalité de nombreuses missions dont ils s'acquittèrent avec la plus grande activité.

Le personnel de la mairie ayant à sa tête son dévoué secrétaire général M. PLUVINAGE.

Le service municipal des pompiers, qui a rendu les plus grands services sous la direction intelligente de son capitaine M. CARREZ.

La commission dite des notables dont les avis éclairés permirent, dans les moments difficiles, de résoudre certains problèmes angoissants, était ainsi composée :

MM. J. DEMOLON, E. GARIN, DELIGNE, DESJARDINS, membres de la municipalité et du conseil municipal.

Mgr CHOLLET, archevêque de Cambrai.

M. MOREAU, président du tribunal civil.

M. MORAND, président du tribunal de commerce.

M. HÉLOT, président de la Chambre de commerce.

M. RIVIÈRE, bâtonnier de l'ordre des avocats.

M. LESTOILLE, président de la Compagnie des avoués.

M. GODCHAUX, interprète, dont l'aide quotidienne intelligente et éclairée nous fut si précieuse.

M. BRUDERMAN, interprète.

MM. les membres du « Souvenir Français » :

MM. SUINOT, DELIGNE, HERLIN, MILLOT, qui s'employèrent avec un grand dévouement au soin des tombes de nos soldats morts en défendant notre ville, ou dans les ambulances, au cours de la guerre. Ils classèrent avec méthode et avec des soins pieux tous les souvenirs que les chers disparus pouvaient laisser à leurs familles.

Les docteurs DEBU, DANCOURT, CAPON, pour les services hospitaliers.

Le docteur DEBU, resté seul chirurgien dans notre ville sut en outre se multiplier pour suffire à sa tâche très lourde.

Les infirmiers et infirmières de l'hôpital civil et des ambulances.

Me LESTOILLE, avoué, qui se dévoua dans la direction de l'hospice civil.

Les brancardiers volontaires qui acceptèrent de relever les victimes des bombardements.

Les hôpitaux de Croix-Rouge de Cambrai et les ambulances particulières de M. et Mme Brunot, de Mme Laffrat et de la Loge-Thémis.

Le service des réfugiés et évacués, dirigé par M. Charles Décupère.

M. Gassan, principal du collège de garçons, et les professeurs du collège.

Mme Jourdan, directrice du collège de jeunes filles, et son personnel.

M. Dessaint, inspecteur primaire, et les instituteurs et institutrices parmi lesquelles Mlle Gourdin s'est particulièrement distinguée.

M. Créteur, gardien des richesses artistiques et bibliographiques de Cambrai.

Tous rivalisèrent de zèle dans l'accomplissement de leurs tâches diverses.

Enfin les otages de Cambrai. Emmenés pour des motifs diplomatiques et par représailles dans les camps d'Allemagne ou de Russie, ils souffrirent le martyre mais en maintenant haut et ferme le drapeau de la résistance :

Mmes Lallemant, Laffrat, Maroniez, E. Pagniez, Gaillot, Mairesse, Mlles Glinel, MM. Pajot, Paul Petit, Cuvillier, Happe, Riez, Maurice Vaillant, Afchain, Thiéry fils, Panien, Lollivier, Gaillot, Sueur, Crochon, E. Bourgeois, Fliniaux, F. Martin (emmenés à Holdzminden le 1er novembre 1916).

M. Ramette, premier adjoint au maire, au Quesnoy (27 mars 1917), décédé en Belgique.

M. Pourpoint (le 30 mars 1917).

MM. Deschrewer, Claude, Paul Bocquet, Dutoit, Chivorez, Dhermy, en Pologne (le 29 décembre 1917).

Mmes Tribou, Prudent Bricout, Parent-Vaillant, Charlet, Mlle Wiart, à Holdzminden (le 11 janvier 1918).

Mlle Mallez, à Holdzminden (le 10 avril 1918).

Je veux terminer sur des noms qui inspirent à tout Cambrésien un sentiment de profond respect et d'admiration, et sans refaire leur histoire qui est connue de tous, je cite :

Mlle Lhotellier, directrice de l'hôpital civil, qui a souffert dans les cellules allemandes parce qu'elle avait fait échapper de nombreux soldats français des griffes allemandes.

Je m'incline très bas au souvenir de M. Achille Doucedame, fusillé sous les murs de Maubeuge, au cri de : « Vive la France ».

NOVEMBRE 1918

J'ai revu Cambrai sous un sinistre clair de lune.

Bien que ma sensibilité soit fort émoussée, le spectacle de la ville morte a comprimé ma poitrine. Ces immenses amas de ruines sont plus poignants que des nécropoles.

Les pans de mur restés debout semblent autant de monuments funéraires. L'énorme incendie les sculpta avec un art divers dont l'impression d'épouvante dépasse l'inspiration des plus grands sculpteurs.

La lune répand sur l'ensemble des ondes lourdes comme des deuils. Lourd aussi et glacial est le funèbre silence que troublent nos pas.

1919

Un long atavisme a forgé les races du Nord et les a rendues puissantes en énergies et en initiatives.

Au temps maudit où les Cambrésiens voyaient s'effondrer leur industrie et leur commerce, on ne voyait que citoyens ardemment prêts à recommencer courageusement la lutte du travail et à réédifier leur fortune sinon leur aisance.

Une si vaillante race mérite toute admiration.

Cambrai ressuscitera.

. . . .

Cambrai ressuscite !

Cambrai, 1921.

FIN

TABLE DES MATIÈRES

PARIS

TYPOGRAPHIE PLON-NOURRIT ET Cie

8, rue Garancière

PARIS. — TYP. PLON-NOURRIT ET Cie, 8, RUE GARANCIÈRE. — 27962-IV-33.

www.ingramcontent.com/pod-product-compliance
Ingram Content Group UK Ltd.
Pitfield, Milton Keynes, MK11 3LW, UK
UKHW022059260726
13993UKWH00001B/218